スマホ危機
親子の克服術

石川結貴

文春新書
1331

スマホ危機　親子の克服術　目次

はじめに　8

第1章　子どもを狙うスマホの罠——何が危険で、どんな被害に遭うのか　17

SNSの出会いから殺人事件に／一三〇人に「裸の写真」を送信させた男／裸の写真を送らせる狡猾な手口／保護者からの相談事例／オンラインゲームにのめり込む子どもたち／「ゲーム障害」に関する実態調査／オンラインゲームの種類／オンライン上の仲間との関係性／入会特典や無料アイテムという罠／「損をする」という心理的インパクト／時間とお金をつぎ込む仕組み／簡単にバレる子どもの個人情報／SNSの動画投稿に潜む危険／ストーカー行為、フェイクポルノ、なりすまし／善意や正義感が過激な行動に／スマホによる学力低下と脳への影響

第2章　親が知らない子どもの実態——新サービスに飛びつく子どもたち　61

中学生限定のSNS／性的なやりとりの温床に？／テレクラのアプリ版も／中学生が「パンツいりませんか？」／ボイスチャットで飛び交う暴言／ゲーム

内のトラブルがいじめに発展／悪意を持ったおとなからの犯罪被害／ユーチューブの「閲覧注意」動画／子ども向けを装う不適切動画／「おふざけ動画」を投稿する心理／ツイッターの裏アカでいじめ／リスクを軽視する子どもたち

第3章　教育現場の混乱と矛盾――デジタルを推進するのか規制するのか　99

日本は「ゲームをする」が一位／教員のPCスキルの問題／公立中学校へのスマホ持ち込み容認／フィルタリング設定は義務／どんなルールを作ればいいのか／一律の時間制限に効果はあるのか／韓国「シャットダウン制」のその後／「子どもの声」を取り入れたルール作りを

第4章　スマホ依存の元凶を知る――「子どもの現実」に向き合う　123

当の子どもの声を聞く／SNSの「利用規約」を知っておく／ペアレンタルコントロールの活用を／スマホ依存に陥りやすい「三大元凶」／「いつでもどこでもいじめられる」／学校のトイレ内の排泄画像で恐喝／「親や先生に

言っても、どうせ無理」／親と子どもが一緒に問題解決する／学校の道徳的な指導は響くのか／子どもに加害者意識を持たせるには／親が変わることが問題解決に

第5章 親が子どもにできること――スマホの問題に親子で立ち向かう 151

「紙」のチェックシートで意見交換／子どもに「お金」を理解させる／SNSやゲームを検索してみる／ゲーム動画を動画投稿サイトで見る／携帯ショップに出向いて相談する／具体的な性被害の実例を知る／性被害児童の一割は男子／子どもに「時間」を考えさせる／「タダ」に慣れきっている子どもたち／いじめ被害をどう解決したか／親の人生経験を子どもに話す／警察への相談で加害者側の態度が一変／子どもが不登校を考えたら／子どもの悩みや苦しみに向き合う

第6章 子どもと親の不安の克服――親子の関係性を再構築する 193

自己嫌悪を覚える子どもたち／「知らない誰か」に救いを求める／友達との

関係性のリスクや不安／ＳＮＳでの評価や承認がほしくなる／不安なのは親も子どもも同じ／親に「気持ち」を聞いてほしい／スマホの問題解決には「気持ちの交流」が効果的／親は自分の問題に置き換えてみる／過去の自分を振り返り、子どもに共感する／スマホ内の出来事をリアルに置き換える

第7章　ＡＩ社会を生きる子どもたち——未来をより良くするために　221

デジタルネイティブの子どもたち／ＡＩで何が変わり、何が変わらないのか／ＬＩＮＥは一〇年で生活を大きく変えた／「倍々計算」の進化に対応できるか／スマホを「勉強する」ために使う／子どもたちに「働く」経験を／さまざまなリスクを乗り越えて

おわりに　239

はじめに

何らかの携帯電話を持つ一〇歳～一八歳のスマホ（スマートフォン）所有率が九三・七％（注①）に達し、ＳＮＳやオンラインゲーム、動画視聴は子どもの常識になりつつある。一方で長時間利用による健康障害や学力低下、友達関係での誹謗中傷などの問題も多発する。「小学生がオンラインゲームで知り合った男に監禁された」、「ＳＮＳに起因する犯罪被害が増加」、そんなニュースが報じられることも珍しくない。

こうした状況に、子を持つ親の多くは不安を募らせているだろう。ＳＮＳで怪しい人とつながっていないか。戦闘系ゲームに夢中だが、この先大丈夫なのか。食事中でもユーチューブを見つづけるが、もしや依存しているのか。

次から次へと心配事が湧き起こるが、同時に「何をどうすればいいのか」と悩んではいないだろうか。実際、親たちは子どものスマホ利用に関するさまざまな事態に戸惑い、対応策を探しあぐねている。

子どもがやっていることがわからない

私は長年、子どもの現場を取材し、特にネットやスマホ関連の問題を追ってきた。取材の過程で親に会うことも多いが、堰《せき》を切ったように出てくるのが「わからない」という言葉だ。

特に、「自分はスマホに詳しくないので、子どもがやっていることがわからない」という声は多い。子どものほうはＳＮＳで友達と交流し、知らない人とも抵抗なくやりとりする。日常的なコミュニケーションにとどまらず、動画を見たり、最新情報を得たり、興味のあることを検索したりする。

一方の親は基本的知識や実体験に乏しく、子どもが話す内容も、使っている仕組みもよくわからない。おまけにネットやスマホの世界は変化が激しい。最新アプリだ、流行りのコンテンツだと言われても、ほとんど追いつけない「スマホ弱者」だ。

「なぜ子どもが知らない人と仲良くなったり、会いに行ったりするのかわからない」という声もある。たとえば、「五〇歳の男が小学生の女児とＳＮＳで友達になり、裸の写真を送信させた」という報道があったとする。怖い、気持ち悪いとは感じても、どんなふうに友達になるのか、よりによってなぜ裸の写真を送信するのか、経緯や理由がわからないのだ。

「子どもが親の言うことを聞かないので、どうしていいのかわからない」という相談も寄せられる。利用ルールを作っても子どもが守らない。何度注意しても効果がない。いつも不機嫌で反抗的。親にウソをついている。深夜までゲームをするので、毎朝学校に遅刻する。そんな調子で、子どものスマホ利用をどう管理し、監督すればいいのかと悩むのだ。

　そうして親たちは、次第に子どものスマホ教育をあきらめていく。自分はスマホに詳しくない、だから何も教えられないと思い込み、つい子ども任せにしてしまう。

　注意しても言うことを聞かないからと見て見ぬふりをするうちに、子どものやりたい放題にさせ、気づけば手に負えなくなったりする。

　SNSトラブルや犯罪被害はどこか他人事《ひとごと》のようで、みずから危険性を調べたり、積極的に注意喚起したりはしない。やがて子どもがスマホで何をしているのか、どんな問題を抱えているのか「もう全然わからない」という事態を招く。

　だが実際には、ツイッターやインスタグラムをやったことがなくてもSNS教育はできるし、オンラインゲームなど知らなくてもゲーム依存を防げる。ではいったいどうすればよいのか、本書はその方法を具体的に、そしてわかりやすく提示するものだ。

なぜ知らない人と仲良くなるのか

実のところ私自身、わからないことはたくさんある。元来アナログ人間で、スマホを使いこなすなど程遠いため、まずは取材で関わる中高生の話がわからない。「フォトナのボイチャで」とか、「フレンドになった人から、こちゃに誘われた」などと言われるたび、「フォトナって何？」、「こちゃ？　お茶じゃなくて？」と聞き返し、笑われたり、あきれられたりしている。

彼らの実態については後述するが、その内情を知るにつけ、単なる世代間ギャップ以上の溝を感じることもある。ＳＮＳで出会ったどこの誰ともわからない相手を「心友（しんゆう）」と呼び、心が通じ合う唯一の存在だという女の子。オンラインゲームに没頭する男子中学生は「廃課金（多額のお金をつぎ込むこと）」をして、ランキングの上位獲得に意欲を燃やしていた。

そこには彼らなりの理由や事情があるのだが、といってすべてを受け入れられるものでもない。なぜ、どうしてと頭を抱えることも多いから、それこそ「なぜ知らない人と仲良くなるのか」といった親の戸惑いはよくわかるのだ。

私生活では二人の息子を育てたため、親子で話し合うとか、子どもの状況を理解することのむずかしさも知っている。現実の親子関係はマニュアルどおりにいくはずもなく、良かれと思ってしたことが逆の結果を招いたりする。私もひとりの親として、「どうしていいのかわからない」と悩みつづけてきた。

だからこそ本書は取材から得た子どもや親の状況を報告し、リアルな実態に迫っていく。スマホに苦手意識を持つ親を念頭に平易な表現を用いながら、併せて事例紹介や問題の背景などを説明し、現実的に役立つ内容で構成する。

たとえば「オンラインゲーム依存」と言われてもピンとこなかったり、実感として伝わりにくかったりする。「一日三時間くらいなら平気だろう」、「毎日ゲーム友達と盛り上がって楽しそう」などと、たいして気にしていない親は案外多い。

そこで私は、「親自身の身近なこと」に置き換えるよう勧めている。「子どもが一日三時間のゲームで、毎日友達と盛り上がる」という場合、「親は一日三時間の飲酒で、毎晩飲み友達と大騒ぎ」と考えるのだ。

毎日三時間の飲酒をつづければ健康を害するだけでなく、社会生活や家族関係が破綻する恐れもある。ゲームと飲酒は別物と思うかもしれないが、オンラインゲームを通じて得られる刺激や興奮、常習性などはアルコールやギャンブルと共通する。最近ではオンラインゲームを「デジタル・ヘロイン」、つまり麻薬と評する医療者もいるほどだ。

こんなふうに子どもを取り巻く問題を特殊で難解なものとせず、親自身が実感として理解できるよう解説したい。

スマホを巡る社会の変化

また、本書では子どものスマホ利用の問題を親子間だけのものとせず、広く社会問題として扱っていく。

たとえば二〇二〇年、文部科学省は「公立中学校へのスマホ持ち込み」を条件付きで容認した。ＰＴＡ代表や学校関係者の反対意見を押し切っての決定だが、こうした教育行政の在り方についても考えたい。

コロナ禍による長期の自粛生活では、オンライン学習やリモートコミュニケーションが拡大したが、一方で子どものゲーム利用や動画視聴もいっそう増加した。これまで以上の依存傾向を示すデータもあり、将来的な不安要素は少なくない。

「ＧＡＦＡ」（注②）による世界規模のデータ占有、人工知能（ＡＩ）がもたらす社会構造の変化なども考える必要があるだろう。今世紀半ばにはＡＩが人間の知性や能力を上回り、既存の社会・経済システムが大転換するという予想もある。

人間の代替労働力というだけでなく、医療、金融、情報通信、宇宙開発、さらには軍事にも利用されることを考えれば、子どもたちの将来は親世代とはまったく違うものになりかねない。これからおとなになる彼らは否応なくその社会を生きていかなければならないし、また生き抜くための思考や行動が必要だろう。

スマホ教育はどうあればいいのか

「スマホに詳しくないから」、そう親があきらめているうちに、子どもはますます離れていく。「ウチの子に限って」、「なんとなく大丈夫そう」と先送りするほど、複雑化する問題に対応できなくなる。「学校でスマホ教育をしてほしい」などと人任せにしたところで、他人が我が子の人生の責任を取ってくれるわけではない。

繰り返しになるが、ツイッターやインスタグラムをやったことがなくてもＳＮＳ教育はできるし、オンラインゲームなど知らなくてもゲーム依存を防げる。「スマホ弱者」の親が子どもと向き合うためにすべきことは何か、激変する社会を生きるためのスマホ教育はどうあればいいのか、本書を通じて知ってほしいと思う。

注①　スマホ所有率＝『第一三回未成年者の携帯電話・スマートフォン利用実態調査』デジタルアーツ・二〇二〇年四月
注②　ＧＡＦＡ＝アメリカの主要ＩＴ企業であるグーグル（Google）、アマゾン（Amazon）、フェイスブック（Facebook）、アップル（Apple）の四社の総称をＧＡＦＡ（ガーファ）という。ＧＡＦＡは、インターネット上で情報やサービス、商品がやりとりされる環境を提供し、検索や買い物、ソーシャルネットワーク、アプリ開発などを通じて利用者から膨大なデータを収集している。

※本書で紹介する各種アプリやウェブサイト等の情報は取材時点のものであり、現在では仕様・設定・サービス内容・利用方法が異なっている場合があります。
※事例で登場する人物には仮名を使用しています。

第1章　子どもを狙うスマホの罠

――何が危険で、どんな被害に遭うのか

SNSの出会いから殺人事件に

「SNSを通じて知り合った男に、中学生の少女が性的被害を受けた」、「わいせつ容疑で逮捕された男のスマホに、複数の女児が自撮りした裸の写真が保存されていた」――、こんなニュースをどう感じるか、取材で会う親たちに尋ねることがある。

「本当に怖い時代ですね」、「SNSには気をつけるよう子どもに言わなくちゃ」などと返ってくるが、実のところたいして深刻には捉えていない。危険だという多少の認識はあるものの、我が子に重ね合わせて大変だとは実感できないのだろう。

実際、本音の部分では、「SNSでつながった男に会うなんて、もともと変わった子なんでしょう」、「裸の写真を送るのは、家庭に問題があるのでは？」などと打ち明けられる。あくまでもレアケースで他人事、だから危機感など持ちようがないのだが、ではSNS上に掲載された次の投稿から、どんな印象を受けるだろうか。

〈学校でも職場でもいじめは絶えない
毎日のように通う場所、会う人間とうまくいかないと、精神的にどんどん追い込まれて

いく
世の中には、ニュースになっていないけど自殺未遂をしてしまって苦しい思いをしてる人がたくさんいると思います
そんな人の力になりたいです〉

いじめや人間関係に苦しむ人、精神的につらい状況にある人、そういう人の「力になりたい」と書かれた投稿に、これといった危うい点は見当たらない。別の投稿では「本当につらい方の力になりたい　お気軽にＤＭへ連絡ください」とも呼びかける。ＤＭとはダイレクトメッセージの略で、他の人には内容を知られず、個人間でやりとりできるメッセージのことだ。

一見するといじめの相談に乗るカウンセラーのようにも思えるし、プロフィール欄に使われているのはイケメン風の若い男性のイラストだ。

この投稿をしたのは、のちに九人もの若者の命を奪った人物。二〇一七年、神奈川県座間市の自宅アパートで一〇代の女性四人、二〇代の女性四人、一〇代の男性一人を殺害し、遺体を損壊した上、クーラーボックスに隠していた男である。

事件の残虐性が大きく報じられ、また被害者に三人の高校生が含まれていたことから、ショックを受けた人も多いだろう。一方で、「自殺願望のある人を誘い出した」という男の供述や、ＳＮＳで「首吊り士」と名乗っていたことが報じられると、世間の受け止め方が変わっていく。

危険な相手と知りながら親しくなり、わざわざ会いに行く女の子のほうもふつうじゃない。そんな空気感が強まって、加害者のみならず被害者のほうも異質な人間だと見られるようになった。

男が猟奇的であることは言うまでもない。だが、その本性は「事件後」に判明したのであり、「本当につらい方の力になりたい」という先の投稿から見抜けるものだろうか。「首吊り士」と称し、自殺に関する投稿をしていたことは事実だが、ＳＮＳでは「死神」とか「地獄」とか、一種の悪ふざけで露悪的に名乗るケースはある。

「自殺願望」と聞くといかにも物騒だが、「生きることに疲れた」、「最近、イヤなことばかり。もう死にたいなぁ」などと投稿する若者は少なくない。そもそもＳＮＳは他者との交流だけでなく、人には言えない悩みやコンプレックスを吐き出す場でもある。誰しもつらいことがあれば「死にたい」と言いたくなるし、自分の気持ちを理解してくれる人とつながりたくもなるだろう。

被害者は決して異質ではなく、たまたま不安や絶望を感じていて、心の弱い部分を巧妙に突かれてしまったのだろう。現に男は被害者について、「本当に死にたい人はいなかった」と語っている。

そういう延長線上に事件があったとすれば、果たして他人事と言えるだろうか。たとえ猟奇的な男とつながらないにしても、ＳＮＳでは本性を偽って「お気軽にＤＭへ連絡ください」と呼びかけることが許されていた。

警察庁の委託でネット上の違法情報の通報を受理しているインターネット・ホットラインセンターによると、自殺を誘引するような投稿は二〇二〇年一月～六月に三〇四二件。わずか半年で、前年一年間の二六二九件を大きく上回った。コロナ禍で不安や孤独感に悩む人が増える一方で、「一緒に死にませんか」といった危険な投稿も増えている。それがＳＮＳの、まぎれもない一面なのだ。

一三〇人に「裸の写真」を送信させた男

座間市での事件は九人もの被害者を出したことから、テレビや新聞、ネットニュースなど多方面で報道された。とはいえ「残虐性」に焦点が当てられたため、前述の「学校や職場でのいじめや人間関係に悩む人の力になりたい」という投稿を知る人は少ないだろう。

要は加害者と被害者がどういう事情でつながったのか、具体的にわからない。加害者の狡猾《こうかつ》さが伝えられないため、「わざわざ会いに行くほうもどうかしている」という批判的な見方が広がる。

事件の経緯や手口を知れば、また別の解釈になるのだろうが、残念ながらほとんどの場合、詳細は報じられない。被害者が未成年で、小学生や中学生といった低年齢の場合には、プライバシー保護や将来への影響が考慮されるからだ。

確かにプライバシーは尊重すべきだが、「加害者の手口」を知らなければ肝心の危険性がうやむやになってしまう。「小学生や中学生はどんなふうに誘い出されるのか」がわからなければ、本当の意味で危険性を理解するのはむずかしい。よってプライバシーに留意し、一部内容の記述を控えた上で、ある事件の経緯を紹介しよう。

加害者の男は四六歳の公務員、児童買春と児童ポルノ禁止法違反容疑で逮捕されている。男はＬＩＮＥを通じて知り合った小中高生の少女ら約一六〇〇人と「友だち」になり、このうち約一三〇人から計一二五〇枚の「裸の写真」を送信させた。高校生の少女をホテルに連れ込み、性的な行為にも及んでいる。
一六〇〇人の小中高生が「友だち」になり、一三〇人が「裸の写真」を送信したのは四六歳の男。親が聞けば、「なぜそんな中年男と？」と驚くに違いないが、実のところ少女たちは正体を知らなかった。男が「一九歳の大学生」と名乗っていたからだ。

　ネット上には、ＩＤ交換掲示板というものがある。ＩＤとは利用者を識別するための符号で、銀行の口座番号のように個人ごとに割り当てられる。ＬＩＮＥのＩＤなら、ＬＩＮＥを利用する人が自分の好きな文字列や記号を組み合わせて設定し、「友だち追加」や「グループ招待」などで使用する（ＩＤの設定は選択制のため、「設定しない」を選んでも利用に支障はない）。

「一九歳の大学生」を名乗った男は、別人の男性モデルの写真を無断流用し、「モデルをしている」という偽のプロフィールを作成。「友だち」を募集する投稿とともに、自身のＬＩＮＥのＩＤを公開した。

　これを見たひとりの女子中学生が、男に自分のＩＤを伝える。こうして二人はＬＩＮＥで「友だち」になり、個人間でのメッセージのやりとりをはじめた（現在はＬＩＮＥの利用制限が強化され、一八歳未満の子どもはＩＤでの「友だち追加」はできない。代わって二四ページの画像のように、QRコードを交換する掲示板が増えている）。

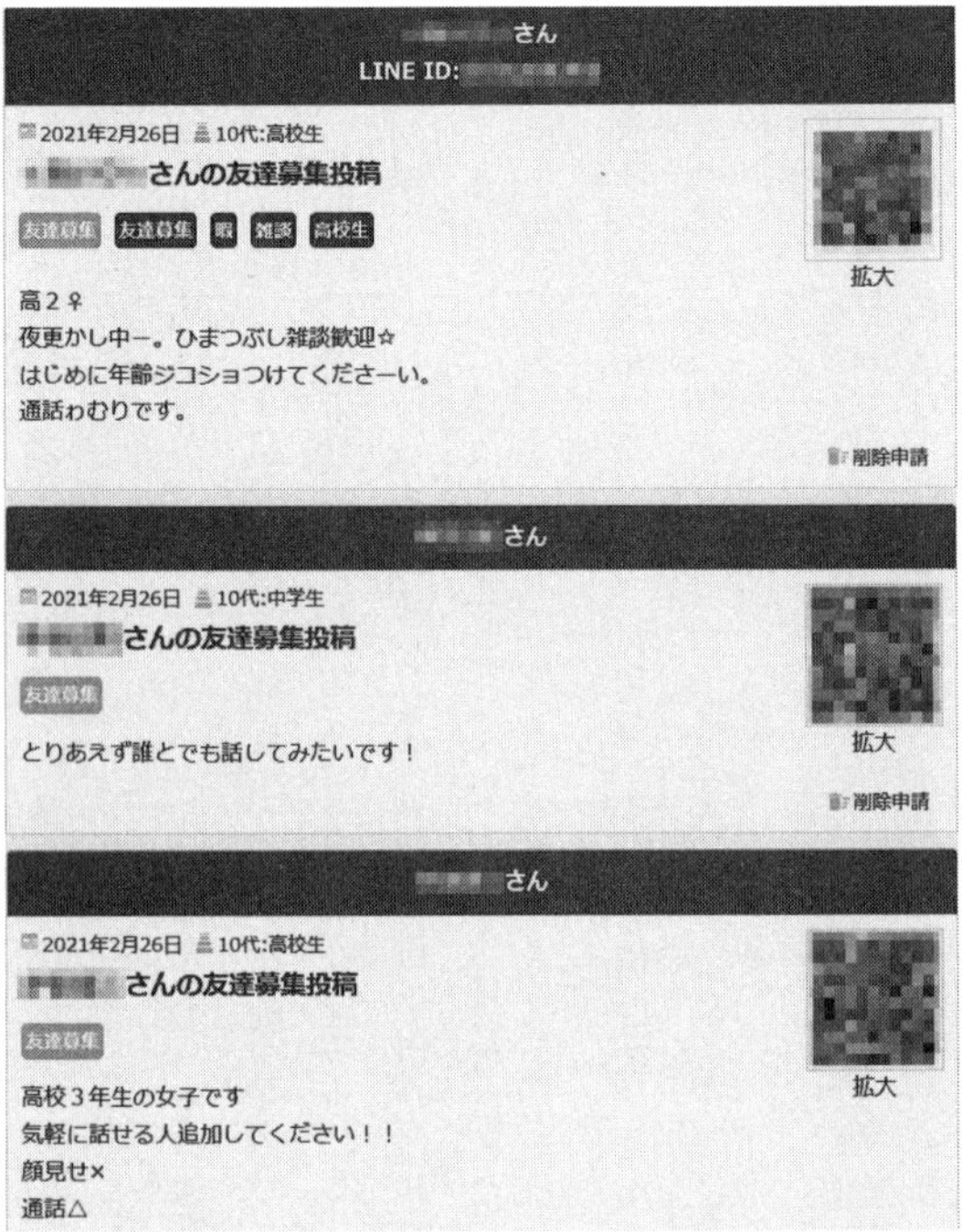

LINEの「友だち」を募集するネット掲示板の一例。中学生や高校生の投稿も多い。（画像は一部加工）

裸の写真を送らせる狡猾な手口

次に男は、女子中学生がLINEで作る「グループ」に招待してもらう。グループへの参加には既存メンバーからの招待が必要だが、すでに女子中学生と「友だち」だったため、何の問題もなく加入できた。

「一九歳の大学生モデル」と自称してイケメンを装う男は、今度はグループ内のメンバーと個別のメッセージ交換をはじめる。さらに、それぞれのメンバーが別に作るグループに招待してもらうという行為を繰り返した。こうしてひとりの女子中学生から一六〇〇人の小中高生まで、ネズミ算式に「友だち」が広がったのだ。

なぜ簡単にグループに招待したり、「友だち」になってしまうのか、親ならそう感じても無理はない。では、当の親たちはどうだろうか。

たとえば仕事の取引先から、「業界の懇親会があるから来ないか」と誘われたり、PTA仲間の母親に「今度のランチ会に私の友達を呼んでもいいかしら？」と言われたとき、怪しいなどと思えるだろうか。知り合いの紹介、友達の仲介、そういう場面では疑いもなく受け入れるのがふつうだろう。

子どもたちも同様で、「友達の友達」と親しくなることに抵抗はない。まして、「大学生でモデルもしている」というおいしい話を聞かされれば、仲良くなりたいと思っても無理はない。

「友だち」になるのは仕方ないとしても、よりによって裸の写真を送信するのはなぜなのか、親ならこんな疑問も浮かぶはずだ。

あくまでも一般論として言えば、こういう事件の加害者はまず身近な話題で、気さくに子どもたちに接近する。「勉強どう？」、「好きな音楽とかゲームって何？」、「最近○○のアニメが流行ってるけど、もう見た？」といった調子だ。

「ペット飼ってる？」と聞き、相手が「猫を飼ってる」と言うと、「じゃあ、猫と一緒の写真送ってよ」となる。猫とのツーショットがある子どもならすぐに送ってしまうし、「ない」と答えれば、「じゃあ今、一緒に撮って」とすかさずプッシュ。こんなふうに考える隙を与えず、グイグイと食い込んでいくのだ。

子どもが写真を送信すると、「うわー、かわいい！」とか、「めっちゃ俺好みの顔だよ」などと持ち上げる。「なんか、好きになっちゃいそうだな」、「今、彼氏っている？　いないなら、俺、候補になりたい」、そんなふうに次から次へと甘い言葉をささやくのも常套《じょうとう》手段だ。

思春期の少女にとって、「かわいい」や「彼氏」はインパクトが大きい。現実生活では誰かに「かわいい」と言われる機会は少ないし、「彼氏」がほしくても同じ学校の男子生徒では物足りなかったりする。そんな気持ちを見透かすように、「どうしよう、もう俺、本気で好きになっちゃった」、「彼氏として、キミのこと大事にしたい」とさらに迫られ、気づけば陥落してしまう。

保護者からの相談事例

こうして「友だち」から「恋人」になると、二人だけの秘密が作られたりする。たとえば朝の「おはよう」代わりにキスマークのスタンプを送信しあうとか、夏休みになったら一緒に海に行こうとか、親や友達に知られてはいけないように誘導されていく。

ここから「裸の写真」を送信させるまでには、大きく二つの手口がある。ひとつは男が先んじて、自分の裸の写真を送るというパターンだ。最初は必ずしも全裸ではなく、たとえば「夏休みになったら一緒に海に行こう」という先の約束をもとに、「こんな海水パンツ買ったよ」と水着姿の写真を送る。むろん正体がバレないように別人の写真を流用し、つづいて「キミの水着姿も見たい」とせがむのだ。

次に、水着をちょっとずらして互いのお尻の写真を見せ合うなどと進んでいく。少女が拒むと、「恋人同士ならふつうなのに、冷たいなぁ」、「俺のこと、好きじゃなくなった？」とプレッシャーをかけ、「すぐに削除するから安心してよ」と持ちかける。

もうひとつ、最初から脅していくパターンもある。「裸の写真送ってよ。言うこと聞かないと、今までのやりとりを全部ばらすから」と追い込むのだ。個人的なやりとりの中で打ち明けたことがバレたらどうしよう、そんな恐れから、少女は裸の写真を送らざるを得ない。親から「いい子」と思われていたり、学校での評価が高かったりすれば、なおのことバレたら困るという気持ちになってしまう。要は「家庭に問題がある」のでなく、むしろその反対、堅実な家庭で育てられているごくふつうの少女でも被害者になり得るのだ。

東京都都民安全推進本部が設置し、ネットやスマホのトラブルに対応する専用Ｗｅｂサイト・こたエールには、都民から寄せられた「性的な相談事例」が月ごとに掲載されている。ここでは保護者からの相談事例を一部紹介しよう。

〈娘のスマートフォンを見て、ＳＮＳで男性とやり取りしていることを知った。相手から裸の写真を送ってほしいとのメッセージがあり、画像を送信したような形跡が残っていた。性に興味を持つ年代なのでどのように注意したらよいかわからない。〉

〈娘がインターネットで知り合った人と性的な写真を交換していた。写真を拡散されないか心配している。携帯電話を内緒で見たのだが今後どうしたら良いか。〉

〈娘がタブレットを利用してSNSアプリで知り合った複数の人とやり取りしており、裸の写真等を送っていることが分かった。トークアプリでも男性と性的な会話・写真をやり取りしている。タブレットは学習用に購入し、勉強に利用していたが、現在は自分の部屋で自由に使っている状況である。タブレットではフィルタリングを利用していない。反抗期のような言動も目立つなかで、どのように対応すべきか。〉

親たちはこういう現実を、まずは理解する必要がある。「学習用のタブレットで裸の写真を送信していた」、「娘のスマホや携帯電話を、親が内緒で見て気づいた」、それらは決して他人事ではなく、いつ自身に降りかかってもおかしくない危険なのだと認識してほしい。

オンラインゲームにのめり込む子どもたち

SNSでの危険性につづき、今度はオンラインゲーム利用による問題を考えてみよう。といっても、オンラインゲーム利用＝悪という短絡的な話ではない。友達と楽しく遊んだり、ストレス解消に役立ったりするメリットはあるし、最近では「eスポーツ」（オンラインゲーム上で対戦する競技）の国際化やプロ化も進む。一方で、過度なゲーム利用によって健康を害すなどの問題点も指摘されていることから、使い方や遊び方には注意が必要だ。

世界保健機関（ＷＨＯ）は二〇一九年、「ゲーム障害」を疾病と認定、治療が必要な病気として二〇二二年より国際疾病分類（ＩＣＤ－11）を適用すると発表した。ＷＨＯが承認したＩＣＤとは疾病や障害の診断基準で、「ゲーム障害」の概要は次のようなものとなる。

一　ゲームに対して自制が利《き》かない（開始、頻度、強度、期間、終了、状況において）。
二　他の生活上の興味や日常的な活動よりもゲームの優先度が高い。
三　ゲームによって悪い結果が生じているにもかかわらず、ゲームを継続し、またはその使用がエスカレートする。

個人、家族、社会、教育、職業、またはその他の重要な領域に重大な障害をもたらすのに十分なほど深刻であり、これらの症状が一年以上つづいていること（重症な場合にはもっと短い期間でもよい）。

中学二年生の息子を持つ母親（四〇歳）は、オンラインゲーム依存をこう不安視した。

「息子は小学六年生のときに、フォートナイト（注①）というオンラインゲームをはじめました。最初は一日二時間くらいでしたが、中学入学後には毎日四、五時間がふつうになり、コロナ休校中は特にひどかったです。ときには明け方まで夜通しやって、夕方近くに起きてくることもありました。おまけに、食事中もスマホでゲームの実況動画（注②）を見つづけたりするんです」

母親が手をこまねいていたわけではない。息子のスマホを隠したり、Wi-Fiを切断したり、自室にこもらないようドアを開けた状態で固定したりした。当初はそういう方法でセーブできたが、あるとき思わぬ事態が起きる。

「私が厳しく注意したら、息子が逆ギレしたんです。ダイニングの椅子を引き倒す、炊飯器やフライパンを投げつける、食器棚のお皿やコップもメチャメチャになりました。主人も私も本当にショックで、これはもうゲーム依存の治療をする病院を受診させたほうがいいかと思いました」

ところが、「初診の受付は一年待ち」だと言われて途方に暮れた。やむなく近所の心療内科に相談すると、「ウチでは治療できない」と断られる。スクールカウンセラーや教育委員会にも相談したが、「本人とよく話し合ってください」などと言われるだけだった。

「親子で話し合おうにも、息子に話が通じないんです。ゲーム時間を減らすように説得すると、『わかった』と言いながら隠れてやる。『ほかのヤツはもっと遊んでる』とか、『依存？　そんなわけないじゃん』とか、全然真面目に考えてくれない。同級生のお母さんたちに話したら、『暴れるまではいかないけど、ウチの子も言い訳ばかりする』、『ストレス解消のためだとか、勝手な理屈をつけてくる』と。どこの家庭でもそんなものかな、受験が近くなれば息子の意識も変わるかなと考えたりして、最近はあまり注意もできなくなってます」

　彼女と同級生の母親たちとのエピソードに、心当たりのある人もいるだろう。「わかった」と言いながら隠れてやったり、「ストレス解消だ」などと言い訳する子どもを叱りながら、次第にあきらめが強くなったりする。

　こういう場合の対応については第6章で後述するが、そもそも依存なのか、それとも反抗期ならではの反発なのか、親自身で判断するのはむずかしいだろう。ただし依存傾向にある子どもは、ゲームをやめるよう説得しても素直に応じなかったり、激しい拒絶を示したりする。なぜなら依存傾向が進むにつれ、特有の反応が生じるからだ。

ひとつは否認。自分がゲームをやりすぎていると認めなかったり、ストレス解消や仲間づくりのためにゲームが必要なのだと言い訳したりする。

次に隠蔽《いんぺい》。「わかった」と言いながら隠れてゲームをしたり、「勉強している」とウソをついてゲームをつづけたりする。

三つ目は過小評価。「そんなに使ってない」とか、「ほかの人に比べればマシだ」などと、自分の状況を過小に見て、正当化しようとする。

四つ目は禁断症状。ゲームをしていないとイライラしたり、気分が落ち込んだりする。そうした状況から逃れたいと、よりゲームに没頭してしまう。

最後は自己中心的な態度。周囲の注意に耳を貸さず、「俺の人生なんだから、ほっといてくれ」、「邪魔すると許さない」などと主張する。

こうした条件にすべて当てはまる場合、放置することで深刻な事態を招く可能性もある。

では、そもそも子どものゲーム依存はなぜ生じるのだろうか。

注①　フォートナイト＝アメリカのEpic Gamesが二〇一七年に発表したオンラインゲーム。バトルロイヤルというゲームシステムを採用し、一〇〇人のプレイヤーが武器やアイテムを収集しながら戦闘、最後の一人または一組となったものが勝利する。一人で遊ぶ「ソロ」、二人の「デュオ」、三人の「トリオ」、四人の「スクワッド」（以上「バトルロイヤル」）、最大一六人までのフレンド（ゲーム内の友達）と一緒に遊べる「クリエイティブ」などの選択肢があり、仲間と協力しながらゲームを進行できる。なお、二〇二一年八月時点では、Apple社によりiOSデバイスからのアクセスがブロックされている。

注②　ゲームの実況動画＝ユーチューブなどの動画投稿サイトで配信されるゲーム中継の映像。実際のプレイヤーが戦闘の様子を映し出したり、攻略法を解説したりする。

「ゲーム障害」に関する実態調査

アルコールやギャンブルなどの依存症と同様、オンラインゲームへの依存には脳内の「報酬系（ドーパミン神経系）」と呼ばれる神経回路が関わっている。「うれしい」、「楽しい」、「勝った」などと感じる行動をしたとき、それらの刺激でドーパミンという神経伝達物質が大量放出され、報酬系は活性化する。ドーパミンの放出によって快感を覚えるだけでなく、その快感が記憶されるのだ。

オンラインゲームなら「ボスキャラに勝った」、「レアアイテムをゲットしてうれしい」

という快感が記憶される。この記憶が「ゲームをやれば楽しくなれる」、「次もレアアイテムが取れるんじゃないか」という気持ちを高め、実際の行動を引き起こす。ゲームから得られる快感と、ゲームで遊ぶという行動が繰り返し結びつくことで、「習慣」として定着するのだ。

　単に習慣化するだけでなく、次第にどうしてもゲームをやりたい＝快感を得たいという渇望が生じる。一方で耐性獲得、つまり刺激に慣れてしまうため、それまで以上にゲームをつづけないと満足できなくなる。当初は二時間で中断できたゲームが、四時間、五時間とつづけなければやめられない。

　こうして、「ゲームをやるために勉強や睡眠の時間を削る」、「食事中でもゲームをつづける」、「ゲームのことを注意されるとイライラする」など、健康や生活への影響が表れるのだ。

　特にスマホを利用したオンラインゲームに没頭する子どもには、いっそうの注意が必要だ。いつでもどこでも使えて親の目が届きにくいだけでなく、子ども自身も中断するタイミングを逃してしまいがち。歩きながら、食べながら、布団に入りながらでも「遊べる」という環境がある以上、途中でやめるためには相応の事情や意志が必要になってくる。

スマホ特有の「通知」に誘導されることも多い。たとえば災害情報のアプリを使っている場合、「豪雨予報」などが自動的に通知される。同様にゲームアプリにも、「今からイベントが開催されます。限定アイテムプレゼント」、「本日のキャンペーン情報。特別コスチュームを獲得しよう」などと通知される仕組みがあり、行動が喚起されやすい。

今がチャンスだ、そう感じれば、ほかのことを差し置いてもゲームがやりたくなるし、仮にチャンスを逃せば損をしたような気持ちになる。実は「損をする」という心理的影響は大きい。

ゲーム依存より長く研究されてきたギャンブル依存では、「損を取り戻すためにギャンブルをする」という心理的特徴がある。同じ金額なら「利益より損失」にインパクトがあり、一〇万円を得られたことよりも、失った一〇万円を「取り戻したい」と執着する。

オンラインゲームでは、「ガチャ」と呼ばれる有料クジによってギャンブルと同様の当たりはずれがある。当たればレアアイテムを獲得できるが、ほとんどの場合は抽選式でどんなアイテムが出てくるのかわからない。つまり、なんでもいいから当たればいいのではなく、自分がほしいアイテムを手に入れるまではどうしてもガチャをつづけたくなる。こうしてお金をつぎ込むほど、「やめたら損だ」という心理が強化される。途中でやめると損が確定してしまうため、つぎ込んだお金を取り戻すべく、もっとやろう、次は大当たりかも、と駆り立てられるのだ。

二〇一九年一一月、厚生労働省は「ゲーム障害」に関する実態調査の結果を発表した。一〇代～二〇代のゲーム利用者のうち「日々の生活で、いちばん大切なのはゲーム」と回答した割合は、「平日」のゲーム時間が三時間以上四時間未満で九・二％。六時間以上では二五・六％に達する。

生活への影響では、「学業に悪影響が出たり、仕事を危うくしたり失ったりしてもゲームをつづけた」は、同・三時間以上四時間未満で一二・四％。六時間以上では二四・八％だ。

健康への影響として、「腰痛、目の痛み、頭痛、関節や筋肉痛などといった体の問題を引き起こしていてもゲームをつづけた」は同・三時間以上四時間未満で二〇・三％。六時間以上は四〇・五％。「睡眠障害や憂鬱、不安など心の問題が起きていてもゲームをつづけた」は、同・三時間以上四時間未満で、六・六％。六時間以上では三七・一％に及んでいる。

オンラインゲームの種類

一部の子どもにとっては「日々の生活でいちばん大切」とも言えるオンラインゲームだが、一方の親のほうは苦手意識を持つ人が多い。「オンラインゲームなんて、何がどうなっているのか全然わからない」、「一度もやったことがない」という声も上がるため、ここでは基本的なことを解説しよう。

オンラインゲームとはインターネットを通じて遊ぶゲームのこと。パソコン、据え置き型や携帯型の専用ゲーム機、さらにタブレットやスマホでも遊べる。種類としては「冒険する」、「闘う」、「創造、育成する」、「考える」などに大別される。

・冒険する　RPG（ロールプレイングゲーム）　利用者がキャラクターを操作しながら冒険や戦闘などを行い、さまざまな課題を乗り越えてゴールを目指す。

・闘う　シューティング　戦闘機や宇宙船などを操作し、ミサイルやレーザーを発射しながら戦闘をする。

　アクション　必殺技を繰り出して格闘技をする。サッカーや野球などで対戦する。

・創造、育成する　シミュレーション　街を作る。牧場や農園で作物を育てる。恋愛をする。アイドルを養成する。

・考える　パズル、麻雀、将棋、チェスなど。

実際のオンラインゲームではこれらの要素が組み合わされており、「パズルを解きながらモンスターと闘い、武器や装備品をそろえたら同じレベルのキャラクター同士で恋愛できる」などという場合も多い。

それにしても子どもたちはなぜ何時間もゲームをつづけたり、課金（ゲーム内で有料のアイテムなどを購入すること）をしたりするのだろうか。わかりやすく解説するために、身近なエピソードに置き換えてみよう。

子どもから「今日の夕食はカレーにして」と言われたとする。早速スーパーに出かけてカレーの材料、玉ねぎやジャガイモ、ニンジン、肉、カレールーを購入する。自宅に戻って調理し、夕食にカレーを食べて家族全員お腹いっぱい。実はこの一連の状況が、オンラインゲームに当てはまるのだ。

子どものカレーリクエストは、ゲームでは「第一ステージをクリアするために〇〇の装備品を手に入れる」という「課題・条件」だと言える。カレーを作るための材料と同様、ゲームを進めるために必要なモノ（アイテム、スキルなど）を集めなくてはならない。

カレーの材料は「お金」を支払って手に入れるが、ゲームではゲーム内のみで通用する専用通貨を利用する。専用通貨の名称はゲームごとに異なるが、「石（魔法石・聖晶石《せいしょうせき》・クリスタルなど）」や「コイン」、「ポイント」、「ジェム」などという。要は街中のパチンコ店で使われるパチンコ玉のようなものだ。

パチンコ玉を入れなければパチンコ台は動かない。同様にゲームでも石やコインを使って進行するが、それらを得るには基本的に二つの方法がある。ひとつは課金、クレジットカードやコンビニなどで売っているプリペイドカードで相当する金額分を支払うものだ。もうひとつは無課金、つまり実際のお金を使わずにゲーム内で付与される特典などを貯めて引換える。現実生活では、たとえば飲食店で「来店スタンプが一〇個貯まるとランチセット無料」、「オープン一周年記念で生ビール一杯無料」といったサービスがあるが、こんなふうにゲームでも利用回数やキャンペーンなど一定の条件でもらえる特典を使って遊ぶことができるのだ。

子どもの場合はどうしても課金がしにくい。ゲームの利用規約で課金額の年齢制限があったり、クレジットカードを持っていなかったり、そもそも課金できるだけのお金がなかったりする。そのため、無課金で遊ぶ場合も当然ある。

お金を使わずに遊べるのならいいじゃないかと安心しがちだが、そう単純な話でもない。

さまざまな特典をせっせと集める必要があるからだ。たとえば一時間の連続プレイで「石」が一〇個もらえるといったシステムなら、たくさんの個数ほしさについ長時間つづけてしまう。結局は時間や労力を費やすことになるわけだ。

先のカレー作りで言えば、カレールーを購入しなければ完成しない。同じようにゲームでも、進行するのに必要なモノをすべてそろえることになる。これが「石をたくさん貯めるまではやめられない」、「課金してでもゲームを進めたい」という理由のひとつだ。

オンライン上の仲間との関係性

もうひとつは「仲間との関係性」だ。人気を集めるオンラインゲームやスマホゲームでは、ゲーム内で他のプレイヤーと協力したり、対戦したりして進行する。要は誰かとつながりながら遊ぶため、「ソーシャルゲーム（略称・ソシャゲ）」と呼ばれる。

ソーシャルゲームでは、進行状況や対戦成績、勝敗の結果などを利用者間で共有する。互いの様子が見えるだけでなく、チャットやメッセージで交流して楽しむこともできる。チャットは「文字を使った会話」で、マンガの吹き出しやテレビ番組のテロップのようにゲーム画面に表示されるが、一部のゲームでは「ボイスチャット」、つまり互いに「声で会話」することも可能だ。現実には離れた場所にいるプレイヤーたちが、「おまえ、右から攻撃しろよ」、「じゃあ、後方支援よろしく」、「やったー、倒せた、すごいじゃん」などと、あたかも隣り合っているように盛り上がれる。

チームを作り、メンバー同士が一致団結して闘っていくことになれば、必然的に仲間意識が生まれる。現実生活での団体競技と同様、勝てば一緒に喜び、負ければともに悔しがり、励まし合ったり、戦略を練ったりする。

仲間から頼られ、ときには助けられ、力を合わせたり、絆を深めたりすることはソーシャルゲームならではの楽しみ方だ。一方で、仲間意識にとらわれるマイナス面も少なくない。

たとえば一〇人対一〇人で対戦するとき、メンバーの一人が抜ければ当然戦力が落ちる。野球で言えばピッチャー、サッカーならゴールキーパーが抜けると考えれば、チームとしては大問題だ。

自分がやめればチームに迷惑がかかる。力を合わせて闘ってきた仲間を裏切るわけにはいかない。そんな気持ちが高じれば、簡単には中断できなくなってしまう。

仲間から批判されることや、自分への評価が下がることを恐れる場合もある。会社で働いている人が同僚を差し置いて「お先に」と帰りにくいように、子どもたちはゲーム仲間という名の「組織」に縛られがちだ。

場合によっては「メンバー全員、明日までに石を三〇〇獲得」とか、「ツイッターで新規メンバーを募集する」といったノルマが課せられる。メンバー同士はゲーム時間以外にもツイッターやＬＩＮＥで交流するため、ノルマ達成まで仲間の「叱咤激励」がつづいたりする。

入会特典や無料アイテムという罠

必要なモノをそろえないと進められない、チームで一致団結しないと闘えない、こうした背景にはゲーム会社ならではの戦略がある。特に無料で遊べるスマホゲームの場合、ゲーム会社にすれば収益を確保しないとビジネスとして成り立たない。多くの利用者を獲得して広告収入を増やしたり、課金に誘導することが重要なため、綿密なビジネス戦略が立てられる。あくまでも一例だが、基本的な戦略には次のようなものがある。

まずは「ハードルを下げる」だ。スマホゲームは無料の場合が多い上に種類も豊富。子どもだけでなく親のほうも、「タダならいいか」と油断しがちだ。「誰でも楽しく遊んじゃおう」、「この感動に乗り遅れるな」などという宣伝コピーで心理的にも煽《あお》り立て、利用開始へと誘導する。

次に「入会特典」。ゲームを起動すると操作方法などの説明があり、説明終了後には本来有料のレアアイテムやガチャ券がプレゼントされたりする。つまり入会特典だが、これを狙って一度はじめたゲームアプリを削除し、再び入会することを繰り返す（リセットマラソンと呼ばれる）利用者も少なくない。一人が何十回も繰り返せば、そのぶんダウンロード数が増えるため、アプリの「人気度ランキング」も上がっていく。こうしてゲーム会社は費用をかけずに、「ダウンロード数・第一位」などと宣伝できるのだ。

三つ目は「エサを与えて釣る」という仕組み。ゲームの序盤では、「はじめて○○を攻略しました」などの名目で、キャラクターの衣装や装備品が次々にプレゼントされる。たくさんのアイテムを使ってゲームが進められるため、「楽しい」、「次は何をもらえるかな？」と意欲が高まる。ところが、おいしい状況は長くはつづかない。しばらくするとプレゼントの数が減り、ゲームを進めにくくなってしまう。

このタイミングでゲーム会社から、「通常一〇〇〇円のアイテムを、今なら一〇〇円で買える」といった課金を勧める通知が届く。要は無料のエサを与えておいて、利用者に楽しさを体験させ、その後にうまく釣り上げるのだ。

四つ目は「スタミナ制」だ。スマホゲームではキャラクターを探検させたり、戦闘させたりする際に「スタミナ」というエネルギー源のようなものが必要となる。スタミナの数値にはレベルに応じて上限があり、探検や戦闘ごとに消費する量が異なる。

現実生活で言えば、軽自動車と大型スポーツカーのガソリン満タン量が違い、買い物やレジャーの移動ごとにそれぞれの消費量が違うことと似ている。ガソリンが足りなければ目的地に辿《たど》り着けないように、スタミナがなくなればゲームを続行できなくなる。一見すると「短時間でやめさせるシステム」に思えるが、実のところこれこそがゲーム会社のシビアな戦略なのだ。

「損をする」という心理的インパクト

スタミナ制は「時間回復」という仕様になっており、一旦減っても、規定の時間が経過すれば自動的に回復する。たとえば「三分経過すると、一スタミナが回復」という仕様なら、三〇分で一〇スタミナが回復する（実際には「時間回復」だけでなく、アイテム獲得など他の要素も合わさって回復する場合が多いが、ここではわかりやすくするため簡略的な解説にとどめる）。

たとえば子どもがスマホゲーム内で「一〇〇スタミナ」を所有し、モンスターと闘うとしよう。強敵のモンスターに挑むには一回のバトルで五〇スタミナを消費するため、二回闘えば持ち分はゼロ。つまり闘いをつづけられなくなってしまう。

仮に五分で一スタミナ回復するという仕様なら、一回のバトルに必要な五〇スタミナを得るのに二五〇分（四時間一〇分）、もとのスタミナ値に戻すには五〇〇分（八時間二〇分）も待たなければならない。これでは時間回復以外の方法を取りたくもなるだろう。

ゲームによっては「回復薬」などのアイテムが用意されているため、ひとまず別のプレイで手に入れ、スタミナを回復させる方法はある。それでも消費分に追いつかない場合には、「課金して手っ取り早く回復する」という方法を選びたくなる。

たとえ課金をしなくても、また別の問題が生じやすい。ひとつは常にスタミナ回復を意識するようになること。たとえば「あと一時間でスタミナが全回復する」という場合には、きっかり一時間後にゲームを再開したくなる。

ところがそのタイミングでゲームができない状況、たとえば親に「食事中はゲームをやめなさい」と言われたらどうだろう。「せっかくスタミナ回復してるのに」とイライラしたり、親に邪魔されているようで怒りが湧くかもしれない。こんなふうにスタミナ回復の優先度が高くなると、生活や健康への影響が生じかねない。

もうひとつは、「もったいない」という心理に陥ることだ。前述したようにスタミナは時間経過で消費分が回復する。回復したスタミナを使ってプレイすれば、「レベルアップ(地位や能力が上がる)」もできる。

自動車で言えばガソリンタンクが空になったのに、途中のパーキングエリアで休んでいるうちに満タンに戻ったようなもの。すぐに出発すれば目的地に早く到着できる上、「ごほうび」として帰りはハイグレードの大型車に乗り換えられるのだからいい事ずくめだ。

ところが、うっかりパーキングエリアで寝過ごしてしまったらどうだろう。目的地への到着が遅れるだけでなく、ハイグレードの大型車に乗り換えられるチャンスもフイになる。「もったいないことをした」と落ち込んでも無理はない。

前述したように、「損をする」という心理的インパクトは大きい。損を取り戻すことに執着し、「今度こそチャンスを逃せない」、「やれるときは確実にやらなくては」と駆り立てられる。こうして自分では気づかないうちに、着実に取り込まれていくのだ。

時間とお金をつぎ込む仕組み

このほかにも「ログインボーナス」や「イベント」、「キャンペーン」など、ゲーム会社はさまざまな仕掛けを用意している。ログインボーナスとは、ゲームアプリを起動して開始するごとにもらえる特典。たとえば一カ月間、毎日欠かさずログインすると「連続ログインボーナス」として特別なアイテムが与えられたりする。

連休や年末年始などに合わせて、ゲーム内ではイベントやキャンペーンが実施される。ゲーム内の専用通貨の利用倍率が五倍になるとか、期間限定のレアアイテムがもらえるとか、「今がチャンスだ」という状況を作り出し、利用者を離脱させないようにする。

さらにゲーム会社は、利用者一人ひとりの行動様式を収集、解析している。何十万、何百万と集まったデータをもとに熱中しやすいシステムを作ったり、あらたな機能を追加して「ゴール」がないようにしたりする。より多くの人により長く利用してもらうことで確実に収益が上がるよう、依存性の高いゲームが提供されていくのだ。

オンラインゲーム、ソーシャルゲーム、スマホゲームのほとんどは、結局のところレアなアイテムやキャラクターを持っていないと勝てないし、上位に行けない。そのためには時間かお金、またはその両方をつぎ込む必要がある。時間やお金をつぎ込むほど「ここでやめてはもったいない」、「もう少しやれば勝てるはずだ」という思考に陥りやすい。途中でやめれば「損」が確定するが、つづけていれば取り戻せるチャンスがあるとしがみつき、健康を害しても、学校生活に支障が出てもやめられないという状況を招く。

「タダだから」と安易に考えた先に大きな危険が待ち構えているとしたら、それでも親は我が子のゲーム利用を放置できるだろうか。

簡単にバレる子どもの個人情報

スマホを利用する中で、思わぬことから子どもの実生活や将来が脅かされるという場合もある。特に懸念されるのが「個人情報」に関わる問題だ。

まず、個人情報とは何かを考えてみよう。名前や住所、電話番号、メールアドレスといった項目が浮かぶ。ＳＮＳに投稿したり、ゲームで知り合った相手に伝えたりすれば危険であることは言うまでもないが、反対に名前や住所を伏せれば安全だろうか。

中学生の少女がツイッターを使っていたとする。ある日に「今日は一五歳の誕生日」と書き込むと、投稿日から一五年を引いて生年月日が特定される。

次に「誕生日だったので、家族と一緒に近所の焼肉屋さんでお祝いしました」という投稿。焼肉を頬張る様子や店内の賑わいぶり、カラフルなメニューなどを撮影し、「映《ば》える（目立つ、ウケがいい）」写真も掲載する。

これらの写真に店内の様子、たとえば「〇〇店特製うま辛キムチ」などという文字が写り込めば、「〇〇店」から少女の生活圏が絞り込める。「近所の焼肉屋さん」と投稿されているからだ。

一連の投稿を目にした誰かが、生活圏内の中学校を検索する。仮に二校であれば、少女はどちらかの学校に通う一五歳だ。下校時間に合わせて帰宅する生徒を観察し、「焼肉を頬張る」顔と同じ人物を見つけたら、こっそりあとをつけていく。少女が自宅に戻ればスマホ内蔵のＧＰＳ機能で住所が、表札からは苗字がわかる。仮に過去の投稿で「今日、マナは友達とゲームしたよ」などと下の名前が出ていれば、苗字＋名前で氏名が特定されるという仕組みだ。

全国の学校で開催される「ネット・スマホ安全教室」では、「ＳＮＳに個人情報を書くのは危険」という教育が行われている。私が取材する子どもたちも例外なく受講しているが、こうした伝え方では「名前や住所を書かなければ大丈夫」という間違った安心感を与えかねない。だが実際には、日常の何気ない投稿から名前や住所、学校名は判明する。その危険性を考えれば、現行の「安全教室」は決して安全とは言えないだろう。

ＳＮＳの動画投稿に潜む危険

ここ最近、中高生を中心に大人気の「TikTok（ティックトック）」などは特に注意が必要だ。TikTok は中国発の動画投稿アプリで、利用者は一五秒から六〇秒の短い動画（二〇二一年七月に三分まで拡張予定と発表）を投稿、配信できる。動画の投稿や配信自体は、ツイッターやインスタグラムなど既存のＳＮＳでも可能だが、TikTok では話題の動画や楽しい動画を次々に視聴できるという特徴がある。

一本あたり一五秒の動画ではテレビ番組の合間に流れるＣＭと同程度のため、「電車の待ち時間が五分ある」などというすきま時間で気楽に視聴できるのだ。

視聴だけでなく、投稿のほうも簡単だ。TikTok には「リップシンク」と呼ばれる口パク動画が多く、流れる音楽に合わせて自分で歌っているように口を動かしたり、ダンスを踊ったりする。動画作成用に音楽や画像加工のテンプレート（ひな型）が用意されているため、自分の好きなものを選ぶだけでクオリティの高い動画が完成する。

テキスト（文章）や写真が中心の既存のＳＮＳとは違い、動画では声や表情、仕草などが伝わりやすい。ダンスによって全身の動きがわかったり、撮影場所の背景が写り込んだりする。

仮に学校の制服や部活動のユニフォーム姿なら、学校名は容易に特定される。たとえ私服姿でも部屋の壁に貼られた賞状が写り込み、「令和○年度　○○地区大会優勝　○○(氏名)」とあれば、名前や学年、生活圏は一目瞭然。屋外の道路標識や店舗の看板、場合によっては「マンホールのふた」などの情報から撮影場所を絞ることも簡単だ。マンホールのふたに、自治体独自のマークが刻印されているからだ。

最近では画像解析技術が進んでいるため、わずかな写り込みや複数の画像を照合することで投稿者や撮影場所を特定できる。特に動画は写真と比べてはるかに情報量が多いため、細心の注意を払わなければ個人情報が流出する危険性が高い。

自分では十分な対策をしていても、投稿動画に寄せられたコメントから個人が特定される場合もある。たとえばクラスの友達から、「○○ちゃんの動画、超おもしろかった」、「明日の部活の試合、○○駅で待ってるね」などと書き込まれれば、名前も生活圏もあきらかになってしまう。

ストーカー行為、フェイクポルノ、なりすまし

　では、個人情報を特定されると具体的にどんなことが予想されるだろうか。単に特定されただけならば具体的な影響は少ないだろうが、ひとたび「悪意」をもって利用されると深刻な被害に遭いかねない。

　まずはストーカー行為などを受ける可能性だ。自宅や学校が特定された場合、誰かに待ち伏せされたり、登下校中の姿を盗撮されたり、頼んでもいない商品が届いたりする。

　次に個人情報がネット掲示板やＳＮＳに投稿され、拡散していく可能性だ。たとえば「ＪＣ（女子中学生）のナマ情報」が集まる掲示板に、「○○中学三年生の○○さんが住んでいるのはコチラ」などと自宅の住所や外観写真が掲載される。

　拡散した個人情報が加工され、より過激な内容になったらどうだろう。少女の顔写真とポルノ画像が合成され、誰かと性行為をしているような動画が作成される。いわゆる「フェイクポルノ」だ。

　三つ目は「なりすまし」の被害だ。他人が本人のふりをして情報発信する行為だが、すでに個人を特定されている場合には精度の高いなりすましになる。たとえば中学三年生の少女になりすました誰かが、ツイッターに学校内の「悪口」を投稿する。「クラスの女子

は超絶ブス揃い」とか、「男子は全員キモくて最悪。人間やめてほしい」とか、わざと過激な内容を書き込むのだ。

むろん悪口は捏造《ねつぞう》だ。それでも精度の高いなりすましによって、投稿は実在の人物、つまり中学三年生の少女が書いたものと誤解されてしまう。悪口と投稿者の個人情報が紐づけられて拡散すると批判や誹謗中傷が殺到し、「炎上」という事態を招く。

ところがなりすましの場合、当然ながら本人は炎上に心当たりがない。自分ではなく「偽者」の投稿が批判されているわけだから、そもそも深刻な事態だと気づけない可能性もある。たとえば仕事で名刺を渡した誰かが、記載の名前や会社名をかたってホテルに宿泊したとする。ホテルから問い合わせでもない限り、勝手に名前を使われた本人は、その事実に気づけないことと同じだ。

仮に少女がなりすましや炎上に気づいていなかったとしても、残念ながら深刻さに変わりはない。炎上はネット掲示板やＳＮＳでの被害と思われているが、実生活にも波及するからだ。

たとえばツイッター上で、「こんなヤツを放置している学校は許せない。みんなで抗議しよう」という呼びかけが行われたらどうだろう。学校に苦情の電話が殺到したりして、無関係の教師や生徒まで巻き込む可能性がある。

少女の氏名や自宅住所から家族の個人情報が突き止められると、親の職場にまで嫌がらせが及んだりする。こんなふうに実生活に甚大な被害が生じるだけでなく、「悪口を投稿したひどいヤツ」という捏造されたレッテルが、進学や就職など将来にわたって影響することも否定できない。

善意や正義感が過激な行動に

あくまでも「悪意」を前提にしたため、そこまでやる人はめったにいないと考えても無理はない。といって安心するのも早計で、ネット上では「善意」や「正義感」が過激な行動を引き起こす場合がある。

たとえばブラック企業を告発する投稿があったとき、多くの人は「許せない」と感じる。「こんな会社は潰れればいい」、「不買運動を広げよう」などと激しい批判が巻き起こる。ついには倒産、社員は失業して困窮するかもしれないが、もとをたどれば正義感から生じたことだ。

そもそも本当にブラック企業なのか、「告発」が事実なのかという検証もないまま、「許せない」空気感は広がっていく。多くの人は悪意ではなく、むしろ「ブラック企業をなくして社会をよくしたい」という善意によって、こうした動きに同調していくのだ。

中高生が何気なく投稿した内容が、思わぬ事態を招くこともある。たとえばツイッターに、「部活の○○先輩が鬼のように厳しい。今日も怒鳴られちゃって、あー、もうやめたいなぁ」と書き込んだとする。投稿者本人はちょっとした愚痴のつもりでも、これを目にした人たちが、「そんな先輩は許せない」と正義感を強めたらどうなるだろう。
○○先輩のツイッターに批判が殺到し、個人情報が拡散され、実生活まで脅かされる恐れがある。実際の先輩は練習熱心で、仲間を鼓舞するためにあえて厳しい態度を取っていたのかもしれないが、ひとたび「鬼」と決めつけられれば、社会的にも将来的にも深刻な被害が予想される。
コロナ禍において、「マスク警察」や「自粛警察」という言葉を耳にした人も多いだろう。マスクをしていない人の写真を撮ってＳＮＳにアップしたり、時短営業をしない飲食店の情報を拡散したりして糾弾するというものだ。

もともとＳＮＳ上では、「不謹慎狩り」という同調圧力があった。たとえば大きな災害があったとき、誰かがＳＮＳに楽しそうな投稿をすると「被災した人がいるのに不謹慎だ」と批判が集中する。こうした批判の背景には、「大変なときにはみんな我慢をするべきだ」と同調を求める気持ちと、「被災者の苦しみを考えずに楽しむヤツは許せない」という正義感がある。

「マスク警察」や「自粛警察」も同様で、コロナ禍という深刻な状況下での同調圧力、さらには「アイツのせいで感染が広がったら許せない」という正義感、「間違った行為を正して社会をよくしたい」という善意などが相まって、激しい糾弾につながるのだ。

そう考えれば、「悪意」をもって個人情報を利用する人はめったにいないと安閑としてもいられない。悪意だろうと、正義感だろうと、なんらかの動機で子どもの個人情報が利用されれば収拾のつかない事態を招く可能性はある。その危険性について、子どもだけでなく親たちも、あらためて認識する必要があるだろう。

スマホによる学力低下と脳への影響

本章の最後に、スマホ利用による学力低下や脳への影響について述べてみよう。とはいえ、現状では科学的データは限られている。スマホの代名詞とも言えるアイフォーンの国内販売が開始されたのは二〇〇八年、一般的に普及してからは一〇年程度で、長期的かつ大規模な研究結果に基づくエビデンス（科学的根拠）に乏しいからだ。

一方で、ここ数年は専門家による警鐘も相次ぎ、将来的な不安要素は決して小さくない。たとえば仙台市教育委員会と東北大学加齢医学研究所が合同で実施する『学習意欲の科学的研究に関するプロジェクト』の調査、分析結果だ。調査は二〇一〇年度から毎年実施され、仙台市標準学力検査（仙台市内の小学五年生〜中学三年生が対象）などのデータをもとに、脳科学や認知心理学の観点から学習意欲について分析している。

二〇一三年度の分析結果では、数学の一日あたりの「自宅学習が二時間以上」と回答した生徒のうち、携帯・スマホの使用時間が一日一時間未満の平均点は七五点。二〜三時間は六五点、四時間以上では五八点と下がっていく。

対して「自宅学習が三〇分未満」でも、「携帯電話やスマホを使わない」という生徒の平均点は六二点。つまり「二時間以上勉強し、携帯やスマホを四時間以上使う」よりも、「ほとんど勉強しないが、携帯やスマホを使わない」ほうが成績が良いという結果になった。数学以外の教科でも同様の結果を示したため、「携帯やスマホの使い過ぎは、学習の効果を打ち消す恐れがある」と報告されている。

一方、脳への影響についてここ最近注目されたのが、スウェーデンの精神科医アンデシュ・ハンセン氏が著した『スマホ脳』（新潮新書）だ。同氏は「スマホを熱心に使う人ほどストレスを抱えている場合が多い」、「自己評価が低い人は、ＳＮＳによって自分を他人と比較しがちになり、精神状態が悪くなるリスクを抱えている」、「長時間使うほど衝動的になりやすい」などの問題点を挙げ、スマホは「脳をハッキングする」と警鐘を鳴らす。

また、精神科医の岡田尊司氏は著書『インターネット・ゲーム依存症』（文春新書）の中で、オンラインゲームを「デジタル・ヘロイン」と指摘。ギャンブル依存や麻薬依存と同じリスクがあることを懸念し、こう述べている。

〈インターネット依存、ことにインターネット・ゲーム依存は、他の精神疾患に何ら劣ることのない深刻な病理性をもち、また、心理社会的機能の顕著な低下を来す。〉

私自身、これまでの取材で多くの医療者や研究者からスマホが心身に与える影響についての懸念を聞いた。その内容は前著『スマホ廃人』（文春新書）で紹介しているが、スマホ育児による乳幼児への影響、オンラインゲームやＳＮＳ利用がもたらす健康障害には、特に危機感を持つ専門家が少なくない。

一方で、前述したように長期的かつ大規模な研究に基づくエビデンスに乏しい現状では、その危険性を断定的に示すことがむずかしい。あくまでも「こうなる恐れがある」、「可能性として考えられる」という不確定な懸念にとどまるのだ。

　スマホを使うことで本当に学力が低下し、確実に脳への悪影響があるのか、現時点では明確にはわからない。今後いっそうの調査研究が進み、多くのデータが蓄積されることで科学的に証明されるだろう。そのときすでに手遅れで、回復できないほどの被害を受けていないよう、今こそ子どものスマホ利用について真剣に考えるべきだ。

　では、当の子どもたちは具体的にどんな状況にあるのか、その驚くべき実態、おとなには見えない隠れた問題については次章で報告しよう。

第2章　親が知らない子どもの実態

——新サービスに飛びつく子どもたち

学生限定のＳＮＳ

「ＳＮＳ」と聞いて多くの人が思い浮かべるのは、ツイッター、フェイスブック、インスタグラム、ＬＩＮＥだろう。国内での利用者数第一位はＬＩＮＥで八六〇〇万人、第二位はツイッターの四五〇〇万人、第三位はインスタグラムの三三〇〇万人、第四位がフェイスブックの二六〇〇万人だ。ちなみにTikTokは九五〇万人で、第五位となっている。

子どものＳＮＳ利用を不安視する親たちは、「クラスのＬＩＮＥグループでいじめられたらどうしよう」、「ツイッターで怪しい人とつながっているかもしれない」などと言う。インスタグラムやTikTokは一〇代の女子に人気が高いため、「娘がインスタで何をしているのか知りたい」といった声も少なくない。

こんなふうに主要なＳＮＳに対する関心は高いのだが、実はここに落とし穴がある。ＬＩＮＥやツイッターにいくら注意を払ったところで、子どもが利用するのはそれらに限らない。実際には親が知らない、そして親には容易に把握できないＳＮＳがあるからだ。では、当の子どもたちはいったい何をしているのだろうか。

「以前は『ひま部』があって楽しかったけど、今はどれも微妙なんですよね。ツイッターとインスタ、ＬＩＮＥはやってますけど、女子同士の張り合いとか、つまんない人間関係に気を遣うことが多くて……」

高校二年生の真紀さん（仮名・以下同）は、ＳＮＳの利用について苦笑まじりに言った。中学入学と同時にスマホを使いはじめ、当初は学校の同級生や塾の友達とＬＩＮＥでグループトークをしていた。多いときには一日で数百のメッセージをやりとりし、クラスの噂や好きなアイドル、ユーチューブなどの話題で盛り上がった。楽しい反面、些細なことでギクシャクしたりして息が詰まる。そんなとき、三歳年上の姉から教えられたのがひま部だ。

ひま部は二〇一九年一二月にサービス終了となり、現在は利用できない。それでも真紀さんの利用時には中高生を中心に人気を集め、利用者数は八〇〇万人、一日あたりの投稿数は六〇〇万に上った。「№１の学生コミュニティ」と宣伝され、利用者は中学生や高校生、大学生の「学生限定」、つまりおとなの参加が禁止されている子どもだけのＳＮＳという形態だった。

学生限定とすることで、同世代の若者同士が気軽に情報交換できる。勉強や趣味の話、友達関係や恋愛の悩み、思春期ならではの体や心の相談など、互いに理解や共感が得られやすい。真紀さんもひま部の特性である「同世代とのつながり」を楽しんでいたという。

「使いはじめたのは中二です。私はマンガを描いたり、アニソン（アニメで使用される楽曲）を聴いたりするのが好きで、将来は声優になりたかったんです。でも、学校の友達にそういう話をすると、オタクだよねって引かれそうで……。まわりには素の自分を晒《さら》せなかったけど、ひま部なら同じような中学生がいて、仲良くなれるかなと思いました」

　自分の好きなプロフィール画像とニックネームの利用者名、中学生であることを設定して登録を終えると、〈マンガ、アニソン好きの中学生。声優目指してます。誰か友達になってください〉と投稿した。すぐに数人の中高生から返信があり、〈こちゃしよう〉と誘われた。「こちゃ」とは一対一で行う個人チャットの略で、ほかの人には内容を知られずにメッセージ交換ができる。

「仲良くなった子とこちゃしたり、興味のあるサークルに入っていろんな人と知り合いました。お勧めの作家さんを教えてもらうとか、コミケ（コミックマーケット＝マンガ同人誌やアニメ作品の展示即売会）の情報交換、同人（同人誌）の裏話とかもおもしろかった。じょうずなマンガの描き方を教えてくれる人もいて、最初はいい感じだったんです」

　ひま部には「サークル」と呼ばれる利用者同士のコミュニティがあった。学生限定というだけに、いわば部活動だ。ひま部という名称自体、「ひまな子が集まって、部活動みたいにワイワイやろう」というイメージ戦略から生じたもので、新規会員登録を「入部」、「新入部員」などとアピールしていた。こうして利用者は興味のあるサークルに参加したり、自分の好きなサークルを作って仲間を募集したりして交流を深める。

　真紀さんもいくつかのサークルに入って楽しんでいたが、次第に「ヤバイ人」が多いことに気づく。おとなの参加は禁止されているはずが、実際には社会人が学生と偽って利用登録し、中高生に接触していたのだ。

「高校生と名乗っている人でも、仲良くなったあとで実はオッサンだと身《み》バレ（身元がバレる）したり。ときどき『下着の色を教えて』とか、『僕のオモチャになってください』とか、変なメッセージがくることもありました。でも私はみんなブロックしてたし、ヤバイ人がいる怖さよりも、話が通じる仲間がいる楽しさのほうが大きかった。同じ世代で、同じ考えを持ってる子と、変な縛りがなくつながれるって、やっぱり貴重な場なんですよね。だから個人的には、ひま部に対して全然悪いイメージはないんですけど、お姉ちゃんは違ってましたね」

性的なやりとりの温床に？

真紀さんにひま部を勧めた三歳年上の姉は、ＶＩＰ会員という有料の会員だった。ＶＩＰ会員は、近くに住んでいる人を探すための地域検索、自分の好きなサークル設定、「こちゃ」でプライベートな画像を送信できるなど、より親しくなるための機能が追加される。たとえば近くの学校に通っているイケメン男子を探したい場合には、こうした機能を活用することで効率的に出会えるわけだ。

「そのころお姉ちゃんは高校生でしたけど、どんどん男の人と絡んでた（接触していた）みたいです。彼氏ができたという話もしてたし、彼氏がいるのに別の人に会いに行くとか、相当弾けてましたね。出会いや交際系のサークルを使い倒してる感じで、何度か『ぐるちゃ（グループチャット）』の履歴とかも見せてもらったんですけど、エグイ言葉でビビりました」

姉がサークル内の男性とやりとりした中には、〈精子たっぷり〉、〈ケツの匂いをかがせて〉などという卑猥《ひわい》な言葉があった。「こういうの、ヤバくないの？」と案じた真紀さんに、姉は「だからおもしろいんだよ」、そう笑ったという。

あくまでも憶測だと前置きしながらも、真紀さんは「ひま部には、ヤリ目《もく》の女の子を探す人が結構いたっぽい」と言った。「ヤリ目」とは性行為を目的にすること。要は性行為に応じてくれる女の子を探すおとなの会員が存在し、「援助交際」を持ちかけていたという。

「お姉ちゃん自身は援交なんかやってないと言ってたけど、どうせ男の人と絡むなら、割り切っちゃっていいっていう女の子もいっぱいいるよ、と聞きました。ツイッターなんか見てても、ひま部は危ないとか、学生専用の出会い系とか、批判してる人も多かった。だから、そういう使い方してた人がいても不思議じゃないですけどね」

警察庁が公表している『SNS等に起因する被害児童の現状と対策』によると、二〇一七年にSNSを通じて犯罪被害に遭った一八歳未満の子どもは一八一三人。内訳として「ツイッター」が六九五人、次は「ひま部」の一八一人、「LINE」が一〇五人だ。同二〇一八年では被害者数一八一一人のうち「ツイッター」が七一八人、「ひま部」が二一四人、「LINE」が八〇人となっている。

数字だけ見ればツイッターが多いが、利用者数と被害者数の割合で考えるとどうだろう。前述したようにツイッターの利用者数は四五〇〇万人、一方のひま部は八〇〇万人で、ツイッターの二割弱にとどまる。単純に比較すれば被害者数がより少なくていいはずだが、実際には第二位。おまけにひま部は、利用者が「学生限定」とされていたにもかかわらず、その学生が犯罪被害に遭っていた。

二〇一九年にサービス終了となった理由にこうした事情があったことは、運営側もあきらかにしている。ひま部を提供していたナナメウエ社は、終了時、公式ブログで次のように説明した。

〈運営の手が届かない他社製アプリを交換してその中で犯罪行為を行ったり、実際に出会って乱暴をしたり。個人情報をタイムラインに載せる嫌がらせや、なりすましが多く発生しました。年齢を偽って登録する大人もいました。良いつながりを生むはずだったこのサービスが、そうした悪意を持った人たちに悪用され、悲しみも同時に生んでいきました。〉

ひま部自体ではなく、ひま部を通じて出会った利用者同士が「他社製アプリ」、たとえばＬＩＮＥのＩＤなどを交換して連絡を取り合い犯罪に至ったという見解だが、一方で「年齢を偽って登録する大人もいました」と認めている。

「学生限定」、同世代のつながりを謳《うた》ったＳＮＳは、「学生になりすまして、学生に近づこうとする悪意を持ったおとな」が流入し、性的関係を求めたりするなど犯罪の温床になっていたとも言える。

ひま部はすでになくなったが、同種のサービスは次々に誕生している。親の知らないSNSは、ツイッターやLINE以上に注意が必要であり、その危うさは今も子どもの身近に迫っているのだ。

テレクラのアプリ版も

次に紹介するのは声でつながるSNS、「トークアプリ」や「ボイスSNS」と呼ばれている。一般的なSNSは短文を投稿したり、利用者同士が文字を打ち込んでメッセージ交換をするが、ボイスSNSではその名のとおり「声」を使う。つまり会話をするのだ。

中高生に人気のアプリ「斉藤さん」や「KoeTomo（こえとも）」は、利用者同士がランダムにつながり、匿名で会話できる仕組みだ。いわゆるマッチングアプリで、どこの誰につながるかはわからないが、自動的に誰かにつながる。九〇年代に流行したテレクラ（テレホンクラブ）のアプリ版、そう考えるとわかりやすい。

「クラスの女子の半分くらいは使ってますよ」と話すのは、高校二年生の愛莉さん。二年前から週に一、二度利用するという。

「ヒマつぶしにちょっと誰かと話そうかって使い方もできるし、友達と一緒にいたずら半分でやることもあります。『キモイ人に当たった』とか、『いきなり下ネタ振られた』とか、話のネタにするとみんなにウケるんです」

愛莉さんはツイッターやインスタグラムも利用するが、「やっぱり声で会話できたほうが楽」だと笑う。

「テキストメッセージ（文章の投稿）は微妙なニュアンスが伝わらない。ＬＩＮＥのグループトークでも、ちょっとした言葉を誤解されてハブられる（仲間はずれにされる）ことがありますからね。その点、斉藤さんとかなら相手の声から年齢や雰囲気がわかりやすい。話がおもしろいとか、ノリがよさそうとか、少ししゃべるだけで伝わってくるじゃないですか。優しそうな人に当たると、『リアルで会ってもいいかな』って気持ちになるんです」

実際には会ったことがないというが、その理由は「話した相手が遠くに住んでいたから」。逆に近くの人なら「今から会おう」と会話が弾み、ノリに任せて行動するというのだ。

「斉藤さんにはビデオ通話やライブ配信の機能もあって、よくできてますよ」と言うのは、高校三年生の菜穂さんだ。声だけでなく、利用者同士が互いの顔を見ながら話したり、自分の話している様子をそのまま動画配信して多くの人に聞いてもらうことができる。ライブ配信は映像のオンとオフを選択できるため、実際にはラジオ番組のように声だけを流す利用者が多いという。

「私もたまにライブ配信をやるけど、顔出しはNGにしてます。ひとりでやると途中で話がつづかなくなっちゃうから、たいていは友達と一緒ですね。要は友達としゃべってることを、まんま他人に聞かせちゃうんですけど、わざとおバカっぽいトークをしてます。お笑いライブじゃないけど、聞いてる人にウケること言うとコメントが多くなるし、チップがもらえたりするんです」

おもしろいラジオ番組にリスナーからの反響があるように、斉藤さんのライブ配信でもコメントが寄せられる。加えて「投げ銭」という機能があり、チップが与えられる仕組みだ。チップとはゲームコインのようなもので、利用者がアプリ内で課金し、自分が気に入ったり、仲良くなった相手にプレゼントできる。

「配信やって、投げ銭もらえたら、それをアマゾンのギフトカードとかに引き換えられるんです。投げ銭狙いの子は、顔出ししてアイドル気取りで歌ったりとか、コスプレでしゃべったりしてます。私はそこまでガチでやる気はないんで、もらえるチップは月に数百円くらいですね。でも、顔出ししなければ少しくらいバカやっても平気だし、TikTokより自由度が高くて好きなんです」

中学生が「パンツいりませんか?」

「変な人に当たったら即切り（すぐに通話を切る）か、ブロックすればいい」、そう話す子どもたちはいたずら電話のような感覚でトークアプリやボイスＳＮＳを利用する。どこの誰ともわからないという匿名性に加え、相手はアプリによって無作為に当たっただけ。つまり自分で選んでいないわけだから、そのぶん「切る」ことへの心理的ハードルが低くなる。

一見、危険な相手を防ぎやすいのだが、逆に「いい人」ならどうだろう。前出の愛莉さんが「優しそうな人に当たると、会ってもいいかなって気持ちになる」と話したように、たまたまつながった相手と意気投合する場合もあるはずだ。

現在は社会人として働く尚斗さん（二三歳）は、数年前まで斉藤さんやKoeTomoを利用して数十人の少女と連絡先を交換した。最年少は小学四年生の女の子、一番多かったのは中学生で、いずれも簡単に個人情報を聞き出せたり、少しおだてると「すぐに食いついてきた」と笑う。

「女の子につながったら、まずさわやかに挨拶します。そのあと『絶対に怪しい人間じゃないんで、お願いだから一分だけ切らないでもらえますか』と低姿勢で頼むんです。一分って言われると、相手もまぁそれくらいならと思うじゃないですか。一分なんて軽く過ぎちゃうけど、時間だからって切る子はまずいなかったです」

尚斗さんは「自分が振って、相手に返させる」ような会話で個人情報を聞き出したという。たとえば「僕は横浜に住んでます」と自分の話をしたあとで、「キミはどこらへん？」と尋ねて居住地を返答させる。「僕は大学生だけど、キミは何年生？」と振って学年を聞き出したら、学校での活動や友達関係などの話題につなげていく。相手の話に応じて、「がんばってるね」とほめたり、「僕もそうだったから、気持ちわかるな」と共感したりすると、たちまち警戒を解く女の子も多かった。

「距離が縮まったら、『楽しかったけど、これ切ったらもう話せない。寂しいな』とか言うんです。たまたまつながってることを逆利用するっていうか、実際なんにもしないで切っちゃったら同じ相手とはもう話せない。そういう仕組みって、お互いにいい感じになった場合には『連絡先、交換しなくちゃ』って焦りやすいと思うんですよ」

すぐに切れる関係性は、反面では「切ったら終わり」だ。このまま終わるのは寂しい、そんな相手の気持ちを突いてまずは自分の電話番号を伝える。「お願いだから一時間以内にかけて。待ってるから、絶対だよ」と念押しすると、八割くらいの確率で女の子からの連絡があったという。

「そこからはショートメッセージとか、ＬＩＮＥでやりとりするとか、個人的につながる方法はいくらでもありますよ。僕はヘタなことして逮捕とかされたくないんで、小中学生とはリアルで会いませんでした。ただ、女の子たちは『誘ってください』とか、『前にも男の人と会った』とか平気で言ってくる。『パンツいりませんか？』って下着を売りつけようとする中学生の子もいました」

ボイスチャットで飛び交う暴言

実は前出のひま部にも、「だれ通《つう》（誰でも通話ができる）」、「だれビ（誰でもビデオ通話ができる）」という機能があった。国内で最大のＳＮＳであるＬＩＮＥにも、通話やビデオ通話機能が備わっている。こんなふうにＳＮＳでのコミュニケーションは、すでに文字でのやりとりに限らない。互いの声を聞いたり、表情を見たりして、より関係性を深められるようになっている。

コミュニケーションの広がりは、オンラインゲームも同様だ。仲間と一緒に闘ったり、ゲームを通じて友達を作ったりするソーシャルゲームでは、一部に「ボイスチャット」という機能が備わっている。

もともとゲーム内では、「チャット」と呼ばれる文字でのやりとりが一般的だった。マンガの吹き出しやテレビ番組のテロップのように、利用者同士が文字を入力して会話する。とはいえ、ゲーム操作をしながらの文字入力では手間も時間もかかってしまう。そこでボイスチャット、つまり声で会話しながら遊ぶという形態が広がってきた。ちなみに子どもたちは略して「ボイチャ」と言う。

株式会社ゲムトレの調査（二〇二〇年五月）では、小学生に人気のゲームは「フォートナイト」（二二・一％）、「マインクラフト」（一七％）、「あつまれどうぶつの森」（一四・一％）などだ。一位の「フォートナイト」は利用者同士が生き残りをかけて闘うバトルロイヤルゲーム、同種の「荒野行動」や「コール オブ デューティ」は中高生の人気が高い。

フォートナイトや荒野行動などのゲームはボイスチャット機能を備えて仲間との意思疎通がしやすく、隣り合って遊んでいるような臨場感がある。一緒に叫んだり、笑い合ったりできることは、ボイスチャットならではのメリットだろうが、一方で深刻なトラブルが生じている。たとえば暴言や悪口、仲間はずれだ。

「子ども部屋から毎日のように『死ね』、『殺す』、『消えろ』なんて言葉が聞こえてくるんです。何度注意しても『ふつうだから』と言って本人はケロッとしている。あんなに汚い言葉を使いながら遊ぶのはやめさせたいんですが……」

　小学六年生の息子を持つ母親（三九歳）は、スマホやパソコンでフォートナイトに熱中する子どもの様子を懸念する。子どもは同じクラスの男子数人でチームを組み、ＬＩＮＥで「今日は○時スタート」とゲーム開始の連絡を取り合う。いったん遊びはじめると汚い言葉を連発し、興奮して大声を上げたりすることもあるという。

「お互い協力して楽しく遊ぶならともかく、子ども同士で『クソ』、『ダッサ（ダサイ）』とけなしあったりするみたいです。それで本当に友達なの？　学校で大丈夫？　と心配なんですが、息子はこれくらいやらなきゃダメだと言う。なんでもおとなしいタイプの子は、仲間から一方的に責められたり、バカにされたりすると」

　フォートナイトは生き残りを賭けて闘う、逆に言えば殺し合いをするゲームだ。だからといって必ずしも残虐というわけではなく、流血や体がバラバラになるような描写は使われていない。あくまでも遊びだと自覚し、ゲームマナーを守って利用するぶんにはいいのだろうが、小学生のような未熟な関係性ではむずかしい。

おまけに会話となれば、相手の調子に合わせてつい感情的にもなるだろう。「なにやってんだ、バーカ」と言われたら、「おまえこそバカじゃん。失せろ」などと返してしまいがちだ。こうしたやりとりがエスカレートし、リアルの学校や家庭生活に影響が及ぶことも増えている。

ゲーム内のトラブルがいじめに発展

「コロナ禍の影響もあるでしょうが、児童のオンラインゲーム利用の問題が本当に増えました」と話すのは、関東地方の公立小学校校長（五六歳）だ。

「ゲーム内のトラブルが、学校でのいじめに発展するケースもあります。チームを組んで闘う場合、負けたことを特定の子の責任にする。クラス内で『あいつがクソすぎる』と悪口を広め、ゲームをやっていない子まで巻き込んで集団無視をするんです。仲間から責められたくないからと、課金してアイテムを購入する子もいます。自分のゲームスキルを高めるというだけじゃなく、そのアイテムをチームのみんなにプレゼントして機嫌を取ろうとする。本人が好きでやっているというより、まわりからのプレッシャーで断れない、仲間はずれになりたくない一心でお金を使っているようなんです」

前章で解説したように、オンラインゲームでは課金によって進行しやすくなり、多彩な遊び方が可能になる。キャラクターの衣装や装備品は課金の有無が一目瞭然のため、ひとりだけ無課金で貧相な場合、それだけで悪口を言われたりする。チームの仲間に有料アイテムを贈ることで受け入れてもらおうとしたり、反対に友達にプレゼントをせがんだりする子どももいる。

校長が保護者から受けた相談には、「ゲームでも学校でも暴言を吐かれて、子どもが泣いている」、「一週間で一万円近く課金した」といった深刻なケースがあった。ところが、当の児童に話を聞くと予想外の言葉が返ってきた。いじめ被害を訴えるかと思いきや、逆に「親をなんとかしてほしい」と言われたのだ。

「子ども同士で○時集合と決めて、一斉にゲームをはじめなくてはならないのに、親が許さないので参加できない。あるいは仲間と一緒に闘っている最中に親がゲームをやめろと言ってきて、自分だけ抜ける羽目になる。みんなが有料の装備品を手に入れているのに、自分だけが課金はダメだと言われている。そういうことが原因で嫌な目にあっているのだから、親をなんとかしてほしいと言うんです。そこまでゲーム仲間に執着しているのかと、本当に驚きました」

相談を寄せた保護者に子どもの言い分を伝えると、また別の問題も発覚した。子どもが家庭のリビングなどでボイスチャットをすると、マイクが周囲の音を拾ってしまう。生活音や家族の話し声が友達に伝わって恥ずかしいから静かにしてほしい、そう頼まれた保護者がいたという。

親は子どもの要求に応じていなかったが、一方で「そういうことも、いじめの原因になるんでしょうか」と不安を訴えた。学校のみならず、家庭生活にまで影響が及んでいることに、校長は「子どもをどう指導していけばいいのか、今まではなかった問題に頭を抱えています」と嘆息した。

悪意を持ったおとなからの犯罪被害

ボイスチャット機能のあるオンラインゲームでのトラブルは、子ども同士に限らない。会話することで子どもがおとなと仲良くなったり、本名や年齢などの個人情報を教えてしまったりする。ゲームによっては「フレンド（ゲーム内の友達）」の数が多いほど、自身のゲームレベルが上がるような仕組みもある。学校の友達だけではたいした数にならないため、知らない人からの「フレンド申請」に応じる場合も少なくない。

　フレンドになった人とは一緒に遊べたり、相手が参加するチームに招待してもらえたり、アイテムを贈り合ったりできる。子どもがおとなとペアを組み、相手のゲームスキルや課金に助けられれば有利になるわけだ。さらに一部のオンラインゲームでは、レベルを上げることで異性のフレンド同士が「恋人」としてペアを組める出会い系のような機能もある。

　こうして協力しながらゲームを進めるうち、次第に親近感が増していく。社会経験の乏しい子どもはおとなの言いなりになりやすかったり、ボイスチャットでつい個人情報を話したりする事態を招きやすい。

　二〇二〇年九月には神奈川県横浜市に住む九歳の女児がオンラインゲームで仲良くなった男（三八歳）と会い、二日半にわたって誘拐される事件が起きた。被害者と加害者は複数の参加者がグループにわかれて競い合うオンラインゲームで仲良くなり、ゲーム内で連絡を取り合っていた。具体的なゲーム名や連絡手段は公表されていないが、おそらくは前述のような仕組みで交流を深めたと思われる。

　一方で小中学生がおとなの利用者に暴言を吐き、不快にさせるようなケースも増えている。ツイッターなどのＳＮＳでは「小学生の暴言ひどすぎ」、「ガキの言葉遣いが悪くて、こっちもキレた」、「子どものボイチャを野放ししてる親は責任取れ」といった投稿が相次ぐ。

小学生が対戦相手のおとなに向けて「死ね」、「変態」、「生きてる価値ない」などと一方的に罵る音声も公開されている。おとなが「そういう言葉遣いはやめなさい」と叱っても、「バーカ」、「殺すぞ、てめぇ」とさらにヒートアップする始末だ。

音声だけでなく、子どもの個人情報と併せて「晒される」可能性もある。「〇〇に住んでいる小学五年生〇〇のおぞましい暴言」といったタイトルを付けられ、ツイッターやユーチューブで公開されるケースもある。いかにも幼い声で「死ね」、「ぶっ殺す」などと暴言を吐く様子が拡散され、批判が集中するという事態も起きている。

オンラインゲームでは、「ゲーム障害」のような依存の問題が注目されがちだ。専門家による調査や研究が行われ、メディアでも大きく報じられるため、親たちの関心も高くなる。一方でボイスチャットをめぐるトラブルは、現在のところ社会的認知が深まっていない。「親のしつけが悪い」、「子ども同士のケンカのレベル」と個人の問題にされがちだが、実際にはいじめにつながったり、悪意を持ったおとなから犯罪被害を受けたりする。

たとえ深刻な事態に至らないとしても、暴言の応酬は少なからず子どもの心を荒ませていくだろう。そう考えれば、会話しながら遊べるという楽しさだけでなく、会話によって生じるリスクについても正しく認識する必要がある。

総務省の『令和元年通信利用動向調査』によると、一三歳〜一九歳のインターネットの利用目的・用途は「ソーシャル・ネットワーキング・サービス（SNS）の利用」七二・六％、「動画投稿・共有サイトの利用」七〇％、「無料通話アプリやボイスチャットの利用」六三・八％、「オンラインゲームの利用」五一・五％だ。

前述したボイスSNSやトークアプリはもちろんのこと、オンラインゲームにもボイスチャット機能があることを考えれば、多くの子どもにとって「声でつながる」のは当然のもの。一方でその実態を知る親は、果たしてどれほどいるのだろうか。

ユーチューブの「閲覧注意」動画

SNSやオンラインゲーム以上に子どもに利用されているのが、ユーチューブに代表される動画投稿サイトだ。先の総務省の調査でも一三歳〜一九歳の七〇％、六歳〜一二歳の六四％が利用している。

学研教育総合研究所の『小学生白書』（二〇一九年）によると、小学生男子が将来つきたい職業の第一位は「ユーチューバー」。自作の動画を投稿、公開することで広告収入を得る職業で、トップクラスでは数億円を稼ぐと言われている。

それだけ視聴者数が多いわけだが、では子どもたちはどんな動画を見ているのか。『小学生白書』（二〇一八年）によると、小学生の視聴ジャンルは「アニメ」四四・七％、「コメディ」三二・七％、「ゲーム実況」二八・二％、「キッズ」（子ども向け動画）二三・九％、「音楽」一九％で、一日の視聴時間は平均四〇分だ。

一方、中高生など一〇代では視聴動向が変わってくる。ネットリサーチ事業を展開するテスティーの『YouTuberに関する調査』（二〇二〇年版）では、一〇代男性の第一位は「ゲーム実況」六八・五％、同女性は「美容・ファッション」四九・二％だ。

プロの手で編集された映画やテレビ番組と違い、一般人が投稿した動画では失敗などのリアルな状況がそのまま公開されることも多い。たとえば「ゲーム実況」なら、対戦相手に完敗する様子や、ボイスチャットの生々しいやりとりがあったりする。視聴者にすれば予想外の展開に驚いたり、自分と重ね合わせて楽しめたりする。

高校一年生の麻実さんはコロナ自粛以降、自宅でユーチューブを見る時間が大幅に増えたという。音楽やお笑い系のライブ配信、アニメ動画などを視聴してきたが、ここ最近ハマっているのが「告白動画」だ。
「失恋したとか、お金がないとか、個人の打ち明け話もあるけど、ダントツでおもしろいのは美容整形の告白動画です。一般人の女子が、整形前、手術中、入院生活、退院後という感じで、リアルな顔出しをするんです。術後の様子とかをイッキ見して、友達とSNSで盛り上がる。『傷が怖い』、『腫れがすごい』って、もう祭り状態（みんなと一緒に盛り上がる）ですよ」

　整形前後の変化だけでなく、かかった費用や周囲の反応まで明かされる。プライバシーを切り売りするような動画だが、意外にも麻実さんは「応援したくなる」と言う。
「自分の素を晒して、明るく生きるためにがんばってるわけでしょ？　私や友達が祭り状態になるのは、告白動画に自分を重ねるからだと思います。自分じゃできないけど、この人すごいよ、って感じでつい見たくなる。ありのままの姿に勇気をもらえるんです」

　身近でありながら自分ではできないことを実行してくれる動画は、「やってみた系」とも呼ばれる。たとえば大食いや変装、おまけ付きの菓子を大量購入して当たりの確率を探る、クレーンゲームで景品を得るために一〇万円をつぎ込むなど、誰でも好奇心を持ちそうな内容で、かつ驚きや意外性があるほど話題を集めやすい。

高校二年生の亮介さんは毎日二、三時間、「やってみた系」の動画を見る。特に気に入っているのは、投稿者自身が体を張って無茶なことをする動画。たとえばお尻に火のついたロケット花火を挟み、発射の衝撃でのけぞる人の様子を撮影したもの。ドッグフードや雑草などを食べつづける人が、体の状態を報告するもの。スタンガンや防犯用の唐辛子スプレーを自分の体で試すもの。苦悶の表情や叫び声に「こいつら、マジやべぇ」と思いながらも、人体実験のような迫力がおもしろいという。

「友達も結構見てますよ。ヤバイ動画があるとSNSで情報がまわってくるし、学校でも『あいつ、そのうち死ぬんじゃねぇ？』って話題になります。中にはヤラセっぽいものや、どう見ても炎上狙いっていうのもあるんです。でもそういうヤラセ疑惑を利用して、また別の動画が作られたりするんで飽きないんですよ」

手品のネタばらしやUFOの映像解析のように、話題になった動画の裏側を別の投稿者が解説したり、パロディーに仕立てたりする。そんなふうに次々と関連動画が公開されるため、病みつきになるというのだ。

亮介さんは一時、「閲覧注意」の動画にハマったこともある。グロテスクだったり、衝撃的だったりする動画は、視聴者にショックを与える可能性が高いため、「閲覧注意」と表示される。そうした注意を承知の上で見ていたのは、よりによって「死体動画」だった。

「死体動画って言うときわどく思えるけど、もともとは戦争や災害、事故とかで犠牲になった人の写真や映像です。昔は今と違って規制がゆるいから、首が飛んでるとか、かなりグロいのが多いんですよ。まぁ世間一般に公開されてる戦争映画だって、体がバラバラになるシーンとかふつうにあるじゃないですか。別に悪いとは思ってないし、ただの怖いもの見たさという感覚です。中には宇宙人や雪男、カッパの死体とか、完全にギャグっていうのもあるから、結構ウケますね」

子ども向けを装う不適切動画

日々配信される動画の大半は、「見てみたい」、「知りたい」といった視聴者の欲求をもとにしている。そうした好奇心は当然ながら低年齢の子どもにもあり、ときに思いがけないトラブルが生じたりする。小学二年生の息子を持つ父親（四二歳）は、子どもがクラスの友達と一緒に見ていた動画に困惑したという。

「息子にはまだスマホを与えていないので、私が使わなくなった中古のタブレットを動画視聴用に使わせていました。ふだんは小学生に人気のユーチューバーの動画やゲーム実況を見ていたので、特に気にも留めなかったんです。それが、たまたま検索履歴を見たら『おっぱい』って表示されたんですね。驚いて過去の視聴動画を調べたら、グラビアアイドルがきわどいポーズをしていたり、女性がノーブラで胸をユサユサさせながら走っていたり、入浴シーンのある動画を見ていたことがわかったんです」

ユーチューブなど大手の動画投稿サイトでは近年規制を強化し、アダルトビデオのような性的描写を含む動画を排除する動きが強まっている。一方、「おっぱい系」などと呼ばれる動画では、授乳の方法を解説するような健全なものもあれば、露出の多い服を着た女性がバストを強調したり、偶然見えてしまった胸の谷間を映し出すものもある。子どもはこうした動画を調べ、友達と楽しんでいたようだ。

「男の子の性的興味は、自分でも思い当たるのでよくわかるんです。ただ、まだ八歳でいくらなんでも早いし、友達と一緒に見ていたとなると先方の親御さんの反応も気になります。本来なら連絡を取って事情を説明したほうがいいんでしょうが、息子の話では友達のほうが主導的立場だったようで。どんなふうに話を持ち掛ければいいかと悩んでいるうちに、時間が過ぎてしまいました」

この父親は子どもの好奇心に理解を示しつつ、今後は親の目が届く範囲で動画を視聴するよう約束させた。一方、子ども向けアニメなどごくふつうの動画を楽しもうとして、不適切な動画が再生されてしまう場合もある。代表的なものが「エルサゲート」だ。

エルサゲートとは、人気キャラクターを登場させるなど子ども向けと見せかけて、ショックを与えるような内容を持つ動画のこと。ディズニー映画『アナと雪の女王』の登場人物エルサと、事件や不祥事、スキャンダルを意味する接尾語ゲート（-gate）が組み合わさった造語だ。

たとえば子どもが「アンパンマン」や「スパイダーマン」など、馴染みのある言葉で検索すると、キャラクターに似せたアニメや人形の動画が再生される。一見楽しい内容かと思えるが、実際にはキャラクター同士で殴り合ったり、生き埋めにされて処刑されたりするような残虐なシーンが現れる。

動画を見る際は、まずサムネイル（画面を縮小した見本表示）を確認することが一般的だが、キャラクターが描かれたサムネイルだけでは残虐なシーンがあるのかは判断できない。むしろ楽しい動画だと思って視聴をはじめると、突然恐ろしい展開になったりする。偶然にせよ、こうした動画を見てしまうと、似たような関連動画がリストアップされたり、「自動再生機能」によって次々と再生されたりする。

前述したようにユーチューブなどの動画投稿サイトの規制は強化されているのだが、子ども向けと装った上で残虐なシーンを埋め込んだりと巧妙な方法が取られている。楽しいはずの動画視聴が一転、ショッキングな経験となる可能性も少なくない。

「おふざけ動画」を投稿する心理

二〇二〇年時点でのユーチューブの動画投稿数は、毎分五〇〇時間分にも上る。中高生に人気の動画投稿アプリ「TikTok」は、同年のダウンロード数が世界一位となった。それだけ投稿する人が多く競争が激しいため、特徴のない内容では視聴者を集められない。そこでより過激に、世間を騒がすような動画をあえて公開するのが「炎上系」だ。

コロナ禍において世界的な炎上を起こしたのが、「コロナチャレンジ」と呼ばれる海外動画だ。主にTikTokで配信されたこれらの動画は、多くの人が出入りしてさわるドアノブや、公共施設のトイレの便座を「舌でなめる」というもの。一般的に推奨された非接触や手洗いと真逆の行動を取り、コロナに感染するかしないか、チャレンジする様子を公開した。

当然ながら批判が殺到したが、一方ではそれだけの注目を集めることになる。視聴者数が増えれば、たとえ悪い意味でも知名度が上がっていく。「悪名高い」という言葉があるように、批判に乗じて有名になり、結果的に広告収入などの利益を生む場合もある。

日本国内でもこれまで多くの動画が炎上騒ぎを起こしたが、利益どころか大きな損失を被るケースも少なくない。たとえばコンビニのアイスクリーム棚に寝転ぶ、寿司店でゴミ箱に捨てられた魚を拾って調理する、マンションの貯水タンク内で泳ぐといった動画では、投稿者の一部が学生のアルバイト店員だった。雇用していた企業には批判が殺到、アルバイトが社会的信用を失墜させたため「バイトテロ」と呼ばれた。

当人たちは悪ふざけ、仲間内のウケ狙いのつもりで行ったことが重大な結果となったのだが、そもそもなぜこうした動画を投稿し、多くの人の目に触れさせたいのだろうか。

「バズりたいからでしょう」と話すのは、高校三年生の大樹さんだ。二年前からTikTokを利用し、定期的に「おふざけ動画」を投稿する。「バズる」とは、多くの人に注目されるという意味だ。先の炎上系と似ているが、TikTokでのバズる動画はかわいい動物が登場する癒し系だったり、コントのように気軽に楽しめるお笑い系だったりと、基本的には悪質ではない。

とはいえ、こうした動画は数多く投稿されるため、より注目を集めようと先のバイトテロのような行為も起こる。大樹さん自身、炎上狙いではないと言いながらも、「きわどい線を攻めてます」と笑う。

「僕はイラストが得意なんで、似顔絵のお面を作ってかぶり、モノマネをやってます。チャラいアイドルをおちょくるように音程をはずして歌うとか、わざとヘタな振り付けで踊るとかですね。美少女系のお面をつけて踊るときは、『はぁーい』とかわいい声で手を挙げながら、自分の腋毛《わきげ》を見せちゃうんですよ。結構バズって、視聴者からのコメントもいっぱいきました」

モノマネをしたアイドルのファンからは「汚すな」、「肖像権の侵害だ」といった批判が寄せられる。一方で「ウケた」、「もっとやれ」などの応援コメントも集まるため、つい調子に乗ってしまったこともある。

「もう動画を削除したんですけど、以前、熱狂的なファンがいることで有名なアイドルのモノマネをしたとき、下ネタをしゃべったんです。そしたら批判がいっぱいきて、さすがにヤバイことしたなと反省しました。ただ、TikTokは短い動画でインパクトが大事だから、過激なほうがバズるんじゃないかってつい思っちゃうんですよ。実際、自分みたいにふざけてる動画とか、友達同士でいじりあってる動画とかウジャウジャあるし、中にはこ

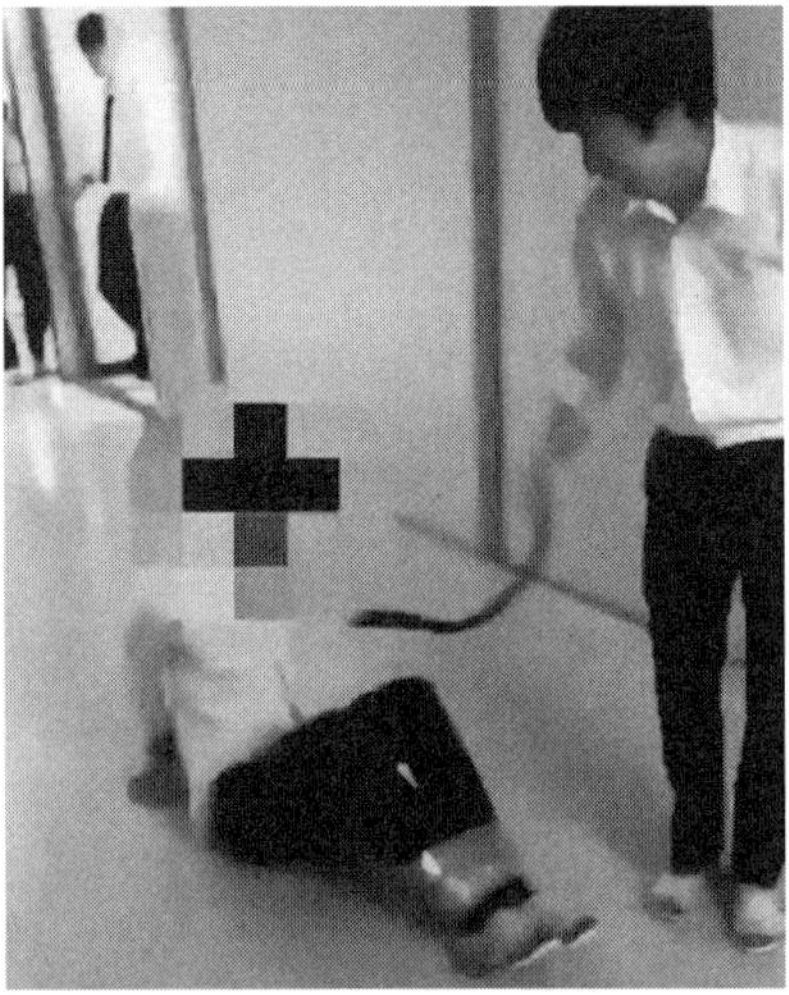
高校内で撮影、投稿された動画の一部。別の生徒が様子を見る姿も写っている。（画像は一部加工）

れ完全にいじめだよな、って感じるのもあったりしますよ」

大樹さんが言うように、「ふざけ」や「いじり」の動画には目を覆うようなものもあり、TikTokでは過去に子どもによるいじめ行為が投稿されていた。

たとえば上の画像は、ある学校内で撮影された。ひとりの生徒が両手足を養生テープで縛られ、別の生徒が紐で引っ張っている。このほかにも、小学生と思われる男の子が土下座し、友達に頭を踏みつけられていたり、同じく小学生が数人の男子にエアガンで撃たれ、周囲からは笑い声が上がるなど、極めて深刻な動画も存在した。

悪質な動画は炎上し、ツイッターなどのＳＮＳにも転載されていく。加害者の名前や学校名などが特定され、無関係な生徒まで誹謗中傷に巻き込まれる場合もあるのだ。

ツイッターの裏アカでいじめ

悪質な行為が動画で公開されることは衝撃的だが、実際には表面化しにくいいじめも多い。特にＬＩＮＥのような外部の目が届きにくいＳＮＳでは、同級生や部活動の仲間など身近な関係に端を発したいじめが起きやすい。お互いが顔見知りの場合には、実際の性格や外見などが攻撃材料になるため、被害者のダメージは深刻だ。

「加害者は被害者の子の悩みやコンプレックスをネタに、エグイ言葉でいじめてくるんです」と話すのは、高校一年生の優奈さんだ。中学時代、クラスの女子集団からＬＩＮＥのグループトークで陰湿ないじめを受けていた。当時の彼女は硬い髪質に悩んでいたが、「わざと毛の話を振られた」という。

「ひとりがタワシの写真を投稿する。そしたら別の子が『剛毛に近づくと痛いので注意』とか、『みんなで避けよう』なんてつづけます。私のことを言ってるんだとわかるけど、明日も学校で顔を合わせると思うと言い返せないんです」

「痛い」や「避けよう」は遠回しな中傷だ。たとえば周囲から浮いていることに気づかない人に対して「アイツ、痛いよね」などと使う。グループトークの「剛毛に近づくと痛いので注意」という投稿は、優奈さんの身体的特徴を嘲笑しているのだが、一方で個人名などは挙げられていない。あくまでも匂わせているという表現で、実は巧妙なＳＮＳいじめの典型例だ。

「高校に入って仲良くなった女子にいじめのことを打ち明けたら、同じような経験をしていたんです。彼女の場合、ＬＩＮＥではみんなから仲良しのふりをされていたのに、ツイッターの『裏アカ』でひどい目に遭っていた。顔写真とイノシシの写真を並べて投稿されて『似てる？』、『匂う？』なんて書かれていたそうです」

　ツイッターなど一部のＳＮＳでは、利用者が複数のアカウントを持つケースがある。アカウントとは「サービスを利用する権利」だ。銀行口座にたとえれば、家族が知っている口座が「本アカ」、ヘソクリ口座が「裏アカ」で、キャッシュカードを使い分けるようなもの。こうした機能を利用して表向きは仲間と装い、裏で中傷するようないじめも起きやすい。

　優奈さんが友達になった女子生徒は、別のグループの生徒から「裏アカ」の存在を教えられ、自分がいじめられていると知った。だが、投稿に「？」がついて断定されていないことや、リアルの学校生活にもいじめが広がることを懸念して抗議できなかったという。

公立中学校で生徒指導を担当する教師（四一歳）は、コロナ禍でのＳＮＳいじめの増加を懸念した。

「長引く自粛生活の影響で、授業や部活動、行事なども通常とは程遠い状態です。そうしたストレスも要因なのか、生徒や保護者からのいじめ相談が増えている。中にはコロナ絡みでいじめるような悪質なケースもあって、対応に苦慮しているんです」

　たとえば「飛沫が怖いからしゃべらない」というこじつけで、特定の生徒を無視する。「三密回避」を攻撃材料にするケースでは、「○○と同じ教室にいるとヤバイ」、「近くの席の人は除菌しよう」などとＳＮＳに書き込む。

「クラスのグループトークで、『コロナになりそうな子』や『密になる人がいない子』を投票で選ぶという集団いじめもありました。持病のある女子生徒や友達が少ない男子生徒をランキングし、みんなで『祝』のスタンプを連投していたんです」

　保護者からの相談で事態が発覚、いじめに関わった生徒は厳重注意を受けたという。それでも別のＬＩＮＥグループやツイッターの裏アカが作られたりすれば、似たようないじめが継続する可能性もある。

リスクを軽視する子どもたち

ＳＮＳ、オンラインゲーム、動画視聴や動画投稿は多くの子どもにとって今や切っても切り離せない。無料で利用できたり、豊富なアプリがそろっていたり、友達とのコミュニケーションに役立ったりと、確かにたくさんのメリットがある。

これまで述べてきたような問題が生じる原因はあくまでも「使い方」にあるのだが、では子ども自身が適切な理解力や判断力を持てるかと言えば、やはりむずかしいだろう。実際、子どもたちの当事者意識は決して高くない。

情報セキュリティ企業のデジタルアーツが実施した『第一三回未成年者の携帯電話・スマートフォン利用実態調査』（二〇二〇年四月）によると、「ネット上だけでコミュニケーションを取る友達がいる」と回答したのは、小学生三四・五％、中学生三五％、高校生五一％。このうち、小学生三二・五％、中学生三〇・六％、高校生五六・二％は「ネット友達と会った、または会いたい」としている。さらに「裏アカ」の所有率は小学生三二％、中学生三四％、高校生五五・四％と、小中学生でも三人に一人に上っている。

一方、個人情報の漏洩《ろうえい》やネット上で知り合った人に誘拐や拉致・乱暴されるなどの事件で「自分が当事者（被害者／加害者）になりうると感じたか」については、全体の四二・一％が「特にない」と答えた。つまり、ネット上の知り合いと会ったり、裏アカに友達の噂話を投稿したりしても、自分は「被害者にも加害者にもならない」、そう考える子どもが少なからずいる。

同調査では「ネット上での会話で相手を信頼しており、自身のネットリテラシー（著者注・インターネットを適切に利用する能力）を過信」と指摘しているが、まさにボイスチャットや動画投稿などのリスクを軽視していると言えるだろう。

スマホを駆使する一方で、子どもたちは問題を正しく認識していない。だがこうした状況の背景には、そもそも適切な指導を受けられないという別の問題がある。「ＳＮＳは危険」、「オンラインゲームのやりすぎは健康を害す」と言われたところで、何がどう危険で、なぜやりすぎてしまうのか、当の子どもが具体的な教育を受ける機会は乏しい。

親はスマホを買い与えるだけで、その後は「わからない」、「詳しくない」からと子ども任せにしてしまう。自治体や学校が作る「ネット・スマホのルール」は子どもの利用実態を踏まえておらず、絵に描いた餅のようにたいした効果は期待できない。

そうしている間にも子どもを取り巻くスマホ利用の問題は複雑化し、ますます指導がむずかしくなる。実際、学生限定SNSやボイスチャット、過激な動画投稿など子どもたちの隠れた実像を知り、適切に指導できるおとながどれほどいるだろうか。

本当の意味で子どもに響く、そして役立つスマホ教育が急務であることは言うまでもない。では、本来子どもを守るべき親たちはどうすればいいのか。次章以降で、現在のスマホ教育の問題点や今後の対応策について解説していこう。

第3章　教育現場の混乱と矛盾

――デジタルを推進するのか規制するのか

日本は「ゲームをする」が一位

二〇一九年一二月、あるニュースが教育関係者の注目を集めた。経済協力開発機構（ＯＥＣＤ）が、世界七九の国と地域に住む六〇万人の一五歳を対象に実施した『国際学習到達度調査（ＰＩＳＡ／二〇一八年）』で、日本の子どもの読解力低下が報じられたのだ。

調査は三年ごとに行われ、「科学的応用力」、「数学的応用力」、「読解力」についてそれぞれ順位付けされる。このうち科学的応用力は五位（一五年は二位）、数学的応用力は六位（一五年は五位）と世界トップクラスを維持したが、読解力は一五位と低迷。前回一五年は八位、前々回一二年は四位だったため、その急落ぶりを懸念する声が強まった。

だが、より深刻な別の問題があったことはあまり知られていない。ＯＥＣＤの調査をもとに国立教育政策研究所が公表した『二〇一八年調査補足資料』によると、パソコンやスマホなどデジタル端末を使って「勉強する（宿題をする、学習ソフトや学習サイトを利用するなど）」がＯＥＣＤ加盟国中最下位。一方、「一人用ゲームをする」、「チャットをする」は、いずれもＯＥＣＤ加盟国中一位だった。つまり、日本の子どもにパソコンやスマホを与えても勉強には活用せず、もっぱら遊びや友達とのコミュニケーションの道具として使っている。

　こうした状況下で進められているのが、文部科学省のＧＩＧＡスクール構想だ。ＧＩＧＡとは「Global and Innovation Gateway for All」の頭文字で、すべての人に世界的規模で革新的な入口を、という意味。具体的には義務教育を受ける児童生徒（小中学生）に対し、ひとり一台の学習用デジタル端末（パソコンやタブレット）を配布、学校内の高速ネットワーク環境（Wi-Fiなど）を整備する。

　子どもや教師が使用する学習教材は、電子黒板やデジタル教科書、クラウド型のアプリなどを利用する。さらに、小学校でのプログラミング教育が必修化される新学習指導要領の実施など、教育のＩＣＴ（Information and Communication Technology＝情報通信技術）化を目指すといった内容だ。

　計画の一部はコロナ禍の休校措置で前倒しされ、公立の小中学校を設置する全国の自治体では、二〇二一年三月時点で九七・六％が子ども専用のデジタル端末とネットワーク環境の整備を終えた。さらに二〇二四年度には、従来の紙の教科書と併用しつつデジタル教科書の導入を進めるという。今後の教育現場ではデジタル教材の活用や、いわゆるオンライン学習を十分に行えるだけの指導力が求められる。

教員のPCスキルの問題

オンライン学習はコロナ禍において一躍注目を集めた。二〇二〇年三月から小中高校などで全国一斉休校が実施され、一部地域では五月末までの長期にわたって子どもの通学が中断。進級や進学という重要な時期と重なったため、不安を抱えた人も多いはずだ。

学校での授業ができないという緊急事態で、オンライン学習はどれほど実施されたのか。二〇二〇年七月に公表された文部科学省の『新型コロナウイルス感染症の影響を踏まえた公立学校における学習指導等に関する状況について』によると、Zoomなどのリモート会議システムを使った「同時双方向型オンライン指導」を行った教育委員会は全国で一五%。ちなみに四月時点では、わずか五%に過ぎなかった。

東海地方の公立中学校に勤務する教師（四〇歳）は、「ICT教育のモデル校ならともかく、ふつうの公立校でオンライン授業をするのはハードルが高すぎた」と話す。

通常の授業をオンラインで代替するには、設備というハード面と実際にオンライン授業を行える人材の確保というソフト面の両方が必要だ。学校では授業用の動画を配信するためにカメラやマイクを準備したり、教師用のパソコンを設定したり、セキュリティ対策などを行わなければならない。さらにオンライン授業をどう進め、どんな教材を使っていくのかという問題もあった。

通常の授業のように板書をしながら行うのか、パワーポイントのようなプレゼンテーションソフトを使うのか、リアルタイムか録画か、どのくらいの授業時間にするのかなどを検討し、おまけに上層部の決裁がなければ進められない。先の教師は「ウチの学校には、具体的な知識を持っている先生は誰もいなかった」と嘆息する。

「教科の中には、オンライン授業に適さないものがあります。たとえば理科なら実験器材を使えないし、体育では用具の使用だけでなく集団競技や対抗戦もできません。美術や音楽、家庭科など実技系の授業も、用具や設備を考えれば現実的にむずかしい。休校中は保護者からなぜオンライン授業をやらないのか、先生がダメだと苦情が寄せられましたが、学校にもいろいろな事情があるんです」

東洋経済新報社が全国の小中高校教員を対象に二〇二〇年五月と同一二月に実施したアンケート調査（オンライン授業の経験）では、コロナ休校中だった五月と学校再開後の一二月で現場の意識が変わっている。

「オンライン授業をしたことがあるが、現在はしていない」という回答が五月の五・七％

から一二月は一四・五%と三倍近くなり、オンライン授業をはじめても継続されない状況が浮かび上がる。また、オンライン授業をしたことがない理由として「必要と感じていない」と回答したのは、五月の一二・九%から一二月には二六%と倍増した。

一二月のアンケート調査では教員個人のＰＣスキルを尋ねている。「ＰＣのオフィスソフト（Word, Excel, PowerPoint）の使用」では、八六・三%が「扱える」と答えたが、「メールやチャットの使用」は六〇・二%、さらに「Zoom, Microsoft Teams などのオンライン授業やミーティングをＷｅｂ上で行うことができるアプリの使用」では四三・二%の教員しか使えない。

さらに現在では、学校の設備や人材の有無とは別の問題が起きている。公立小学校に勤務する教師（三三歳）はこう話す。

「ウチの小学校では二〇二〇年度末に、全児童にタブレットを配布しました。オンライン化を進めるために学校の設備も拡充し、教員もさまざまな研修を受けたんです。今後は万全だと安心したのですが、保護者からは『オンライン授業より、学校で通常の対面授業をしてほしい』という要望がすごく多くなっています」

小学生が在宅でオンライン学習をする場合、特に低学年では保護者の見守りや協力が必要になる。ところが保護者からは「自分は仕事で外出しなくてはならない」、「テレワークをしているので、子どもが家にいるとうるさくて困る」、「家に乳幼児がいて、小学生の子どもの面倒まで見られない」、そんな声が噴出しているという。

保護者にすれば、「子どもは学校で見てほしい」のが本音だろう。タブレットなどのデジタル端末があっても、オンライン授業ができる環境が整っても、ＧＩＧＡスクール構想が本当に子どもや家庭の現実にマッチするものなのか、先行きの不透明感は拭えない。

公立中学校へのスマホ持ち込み容認

メールやチャットを使える教師が六割、オンライン授業用のアプリ利用は四割という学校現場には、もうひとつ大きな変化が迫っている。二〇二〇年七月、文部科学省は全国の公立中学校への「スマホ持ち込み」を条件付きで容認したのだ。同省の『学校における携帯電話の取扱い等について』という通知では、持ち込みに際しての条件として、次の四点が挙げられている。

一　生徒が自らを律することができるようなルールを、学校のほか、生徒や保護者が主体的に考え、協力して作る機会を設けること。

二　学校における管理方法や、紛失等のトラブルが発生した場合の責任の所在が明確にされていること。

三　フィルタリングが保護者の責任のもとで適切に設定されていること。

四　携帯電話の危険性や正しい使い方に関する指導が学校及び家庭において適切に行われていること。

これらについて学校、生徒、保護者が合意し、必要な環境整備や措置を講じた上で持ち込みを認めるとされており、一見するとハードルが高い。だが、具体的にどんなルールを作るのか、家庭でのフィルタリング設定をどう確認するのかなどの詳細は示されていないため、結局のところ「現場判断」となる可能性が高い。

たとえば、「ウチの学校では○○のルールを作り、家庭からフィルタリング設定等のチェックシートを提出してもらう。スマホの管理は生徒自身が行い、在校中はカバンの中にしまっておく」という程度でも、持ち込みが容認される場合があるだろう。

それにしてもなぜ、こうした決定がされたのか。先の通知では、「児童生徒への携帯電話の普及率の上昇といった社会環境の変化や、近年の自然災害や犯罪の発生等を踏まえ、携帯電話を登下校時の緊急時の連絡手段として活用したいといったニーズが保護者等を中心に存在する」という理由が挙げられている。

多くの子どもがスマホを所有している状況や、緊急時の連絡手段として必要だとする要望があったというのだが、実際には当の保護者や学校関係者から「反対意見」が表明されていた。

文部科学省では二〇一九年五月～二〇年七月に、計一〇回の有識者会議を開催している。有識者は五人のメンバーで構成され、「ヒアリング」としてさまざまな関係団体を招き、意見を求めた。会議の議事録を確認すると、保護者代表、小中学校校長会、教育委員会などは、いずれも校内へのスマホ持ち込みを要望していない。

たとえば保護者の代表である日本ＰＴＡ全国協議会からの参加者は、「何よりも保護者からのニーズといいますか、声も今のところそれほど大きくない」、「公立小中学校では、通学エリアは基本的に徒歩圏内。多少遠くても自転車では通える範囲。夜遅く、朝早く人気のない時間帯に登下校することも少ないことを考えると、（持ち込みの）ニーズも低くなっている」と述べている。

学校関係者の意見も同様だ。全日本中学校長会からの参加者は、「災害時に携帯、スマホを持っていたとして、助けを呼べる可能性というのはどれくらいあるのだろうか」、「ＳＮＳによってトラブルが激増していて、ネットいじめのようなこともあって、子供が自殺するというようなケースも多く見られる状況を考えると、有事に迫られる対応数よりはるかに多いのではないか」、「今の段階で携帯の持ち込みを認めるということになると、教員は日常的に紛失や盗難等への対応に苦慮する。盗撮とか、ＳＮＳの投稿に注意を払わなきゃいけない」と危機感を露わにする。

さらに全国市町村教育委員会連合会では、「原則禁止を解く必要性は、今のところ低いのではないかと捉えております」と表明している。

つまり文部科学省が言うニーズなど、あきらかに「ない」のだが、にもかかわらず子どもが中学校へスマホを持ち込むことが容認された。こうした状況に、先の日本ＰＴＡ全国協議会からの参加者は、「子どもたちが（スマホを）学校に持っていく前提の話になっているような気がする」と不信感さえ表している。

さまざまな「反対意見」が表明されていたにもかかわらず、中学校へのスマホ持ち込みが容認されたのはなぜなのか。文部科学省初等中等教育局は「保護者や学校関係者の懸念は承知している」とした上で、「条件付きの容認であり、あくまでも一部解除」、「強制力はなく、最終的な判断は教育委員会や学校に委ねている」と釈明する。

持ち込みが禁止されていたこれまでも、遠距離通学など特別な事情がある場合には特例として許可されていた。こうした前提を踏まえ、「より厳格な条件を設けてトラブルや課題を適切に把握し、教育委員会や学校で必要な措置、十分な体制を作ることを考えた」という。

「持ち込みのルールを設定する際には生徒や保護者が参加し、保護者には紛失等のトラブル時の責任の所在に関する同意書を提出していただく。校内では下校時まで学校側がスマホを預かるなど、学校現場で指針となるような提案もしている」と具体的な働きかけを挙げる。さらにスマホ持ち込みについて、「学校、生徒、保護者との間で共通理解を深めてもらい、それぞれが主体的に考える機会を設けることが重要だ」と理想論のようなお役所的回答を示した。

フィルタリング設定は義務

保護者や教育現場の懸念に反して、すでに大阪府など一部の自治体、その他の地域でも学校独自の判断で公立中学校へのスマホ持ち込みが実施されている。横並び意識の強い日本では、おそらく数年のうちには同様の動きが広がるだろう。さらに中学校の次は小学校、あるいは校内持ち込みだけでなく校内使用も可能になるなど、スマホ利用が拡大していくことも考えられる。

こうして「スマホの持ち込み」が現実になれば、先の四条件のように学校と家庭の双方でルール作りや管理方法の構築、フィルタリング設定、そして適切な指導が求められる。だが、あまりに低い教員のPCスキル、SNSやオンラインゲームなど子どものスマホ利用に対する認識不足を考えれば、学校での指導は相当ハードルが高い。では、一方の家庭ではどうだろうか。

内閣府の『令和元年度青少年のインターネット利用環境実態調査』によると、家庭でインターネット利用のルールがあると回答したのは、小学生七七・七%、中学生六三・六%、高校生三八・六%。反対に「ルールを決めていない」としたのは小学生で一八・五%、中学生では三一・二%もいる。

インターネットの危険性（出会い系サイト、アダルトサイト、ネットいじめの問題など）についての学習経験では「ある」八八・九%、「ない」八・三%と、ほとんどの子どもが

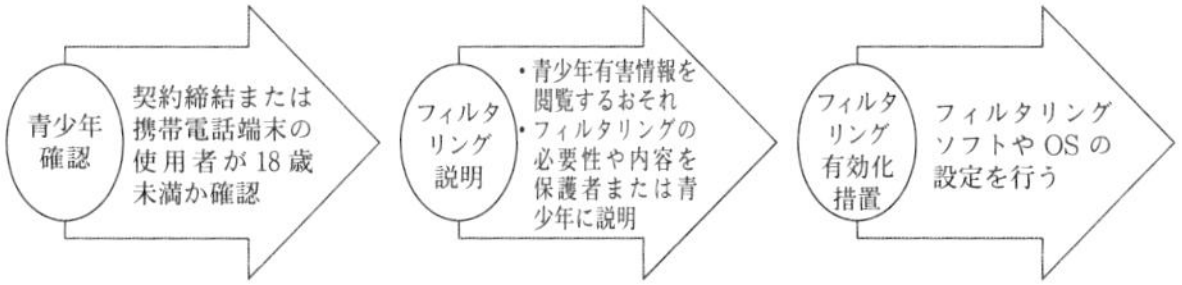

〈青少年インターネット環境整備法〉
携帯電話会社や格安スマホ会社（MVNO）には、18歳未満の新規契約および機種変更・名義変更を伴う契約の変更・更新時に上のような義務が課されている。

啓発教育を受けている。だが、その機会は「学校・幼稚園・保育園等」が九七・八%に対し、「親（保護者）」は三三・三%に過ぎない。つまり、家庭でルールも決めず、危険性も教えていないというケースが相当数に上る。

「保護者の責任のもとで適切に設定」するというフィルタリングの利用率も低い。情報セキュリティ企業のデジタルアーツが実施した『第一三回未成年者の携帯電話・スマートフォン利用実態調査』によると、フィルタリングの設定状況は小学生四〇・三%、中学生三五%、高校生二九・六%と、「設定なし」が六割から七割という多数派だ。

　家庭によって意識の差が出やすいルール作りとは違い、本来、未成年者のフィルタリング設定は「義務」。青少年インターネット環境整備法では、一八歳未満の子どもがスマホ（携帯電話）の契約や機種変更をする際、携帯ショップなどでフィルタリングの設定やインストールを行う有効化措置（機能を使えるようにすること）が義務化されている。つまり、親が子どもにスマホを買い与えたり、機種変更をするときには、販売店でフィルタリング設定が行われているはずだ。

また、先の法律では保護者の責務として子どものインターネット利用状況を把握するとともに、フィルタリングの利用、またはその他の方法によりインターネットの利用を適切に管理する必要があると定められている。

一旦は有効化し、さらに保護者に管理責任があるはずのフィルタリングを、現実的には六割から七割の子どもが使っていない。学校でも家庭でも「適切」には程遠い状況で、中学校へのスマホ持ち込みはどんな影響をもたらすだろうか。

どんなルールを作ればいいのか

ＧＩＧＡスクール構想にせよ、中学校へのスマホ持ち込みにせよ、私が懸念を覚えるのは「適切」な管理や指導をどう行うのか、そして実際に可能なのかという点だ。たとえばルールを作ると言っても、どんな内容にするのか、どうすれば子どもにとって有効なのか、学校や家庭で十分に考えられるだろうか。

長年、子どものスマホの問題を取材してきた私には、多くの教育関係者や親たちからルールや指導方法についての相談が寄せられる。特に多いのは「ルールがあっても子どもが守らない」、「どんなルールを作ればいいのか」というものだ。そこで、ルールを作る、あるいはルールについて指導する際に大切なことは何かを考えてみよう。

まず指摘したいのは、ルールを守らない＝子どもが悪いと思い込んでいないか、という問題だ。

「スマホの利用は夜一〇時までと決めたのに、深夜まで使っている」

「ゲームは一日一時間というルールだが、いくら注意しても二、三時間つづけてしまう」

「ＬＩＮＥの内容を親がチェックしたいが、子どもが拒否する。どうしたらいいか」

こんなふうに訴える親たちは、せっかく決めたルールを守らせようと躍起になり、たびたび親子ゲンカをしたりして、「子どもを変えたい」と考えている。だが、ルールを守らない子どもの責任を問う前に、そもそも彼らが「守れるようなルール」を作っているのだろうか。

子どもの利用実態を踏まえず、おとなが一方的にルールを決める。ＳＮＳやオンラインゲーム、動画視聴などの状況を知らないまま作られたルールは、現実的には役立たないだろう。たとえば二〇二〇年四月に施行された香川県ネット・ゲーム依存症対策条例だ。

条例では一八歳未満を対象とし、ゲーム（インターネット及びコンピュータゲーム）の一日あたりの利用時間を平日六〇分、休日は九〇分までと規定。スマホの利用は中学生以下が二一時まで、それ以外は二二時までとする目安を設け、家庭内でのルール作りを求めている。

言うまでもなくルールは必要不可欠で、個人的には規制を設けることには賛成だ。とはいえ、この内容は子どものスマホ利用の実態にそぐわず、率直に言って実効性は疑わしい。

実際、条例施行から一年が経過した二〇二一年三月に香川県が公表した調査結果では、ゲームへの依存傾向に「注意が必要」とされた割合が中学生六・三％、高校生四・六％で、ともに三年前より増えている。

一律の時間制限に効果はあるのか

条例が規定したのは「時間」だ。前述のように、ゲームの一日あたりの利用時間が平日六〇分、休日九〇分で、スマホの利用は中学生以下が二一時まで、それ以外は二二時までを目安としている。香川県に限らず、自治体が独自のルールを作る際にはたいていこうした形式で、「小学生は午後九時、中学生は午後一〇時まで」とか、「一日のスマホの利用時

間は一時間まで」などと規定する。学校や家庭のルールも同様で、「時間」を制限するルールは非常に多い。

時間を制限すればスマホトラブルやゲーム依存の防止になる、おそらくはそうした考えからルールを決めているのだろう。確かに長時間利用による健康障害などは問題だが、一方で「中学生以下は二一時まで」といった規定にどれほどの効果があるのだろうか。

一口に「中学生以下」と言っても、中学三年生と小学三年生ではスマホ利用の実態は大きく違ってくる。中学生ともなればＬＩＮＥやツイッターなどのＳＮＳで友達とコミュニケーションを取るのは「常識」、オンラインゲームや動画視聴、前章でも紹介したTikTokやボイスチャットなどの利用も増えてくる。

一方の小学生、特に低学年や中学年ではスマホの所有率も高くなく、仮に使っていても親の管理下に置きやすい。こんなふうに状況が異なることを考慮せず、一律に規制を設けたところで、現実的に守れない子どもが出てくるのは当然だ。

また、中学生では部活動を終えたあと塾に通うなどして帰宅が遅くなる場合も多い。仮に二〇時に帰宅し、食事や入浴を済ませれば二一時。先の目安ではすでにスマホ利用のタイムリミットで、これでは何もできないことになってしまう。

もうひとつのゲーム利用に関しても、現実を無視した形式的な規定に過ぎない。条例では平日に六〇分、休日は九〇分としているが、第1章で解説したようにオンラインゲームやソーシャルゲームは仲間と一緒に闘ったり、時間経過によってプレイが再開できるスタミナ制などさまざまな仕組みがある。六〇分経ったからやめられるというものではなく、ゲーム状況に応じて子どもの事情も変わってくるのだ。

オンラインゲームをおとなの生活に置き換えてみよう。たとえばゴルフをする際に、まったく経験のない人から、「プレイは九〇分まで」と決められたらどうだろう。ゴルフは基本的に一八ホールまでつづけるもの、そういう事情を知らない人から一方的に制限されれば「何もわかってない」、「守れるわけないだろう」と思うはずだ。

仲間と一緒にチームを組んで闘うソーシャルゲームは、野球やサッカーなどの団体競技と同様だ。野球ならピッチャー、サッカーではゴールキーパーが抜ければ試合にならないように、ゲームでも「時間がきたからひとりだけ抜ける」ことはむずかしい。

私が取材する子どもたちは、「おとなが無茶ぶりしておいて、守らないのは俺らのせいって、いくらなんでもひどすぎる」、「こっちの事情も意見も聞かないで、勝手にほざくなと言いたい」などと訴えるが、まさにそうだと思う。

韓国「シャットダウン制」のその後

一律の時間制限という点で考えたとき、先例となるのが二〇一一年に施行された韓国の「シャットダウン制」だろう。シャットダウン制では深夜零時から翌朝六時までの間、オンラインゲームにアクセスする際にはID番号の登録が必要になる。一六歳未満の子どもには、このIDが付与されないため、要するに「一六歳未満の深夜のオンラインゲーム利用を全面禁止する」という措置だ。

韓国では一九九七年に起きたアジア通貨危機により、国家経済が破綻状態になった。危機を脱するため政府主導でIT環境の普及を推進した結果、世界的なIT企業が続々と誕生し、オンラインゲームやネットコンテンツ産業が躍進する。たとえば日本国内で現在八六〇〇万人の利用者がいるLINEは、韓国の大手IT企業NHNが二〇〇〇年に設立したハンゲームジャパンから発展したものだ。

こんなふうにIT先進国となった韓国だが、一方でネットやゲームへの依存者が急増し、深刻な社会問題となった。二〇〇四年に実施された全国調査では、九歳〜一九歳のネット依存率が二〇・三%に達している。事態に対処するため、〇七年にはネット依存状態の子どもを対象とする一一泊一二日の合宿「レスキュースクール」を開始、また国内一二八カ所の青少年相談センターが医療機関と連携してネット依存の治療や対策に乗り出した。

一六歳未満の深夜のオンラインゲーム利用を全面禁止するシャットダウン制、さらにレスキュースクールなどの対策が講じられたことで、韓国のネット依存者は減少傾向となった。二〇〇四年に約三二三万人と推計された依存者が、一〇年には約一七四万人と半数近くまで減ったのだ。

ところがシャットダウン制の導入で、韓国のゲーム産業は大打撃を受ける。韓国コンテンツ振興院の『二〇一五年ゲーム白書』によると、一〇年に二万六五八社だった国内のゲーム会社が一四年には一万四四四〇社と四年で三割が倒産した。白書ではシャットダウン制がゲーム産業への否定的な認識を広めたと指摘、約一三〇〇億円の経済損失をもたらしたと分析している。

かつて政府主導で躍進させたゲーム産業が衰退するという事態を受け、韓国政府は一転して規制緩和に乗り出した。そのひとつがシャットダウン制を全面禁止から「選択制」にするというものだ。実際、二〇一四年からは保護者の許可があれば深夜でも子どものオンラインゲーム利用は可能となっている。

さらに「ゲーム文化振興計画」を打ち出し、国を挙げてゲーム産業の活性化や人材育成を促進するという真逆の方向に転換した。今や韓国はeスポーツの世界的強豪国であり、併せて子どものネットやスマホ利用への依存傾向は高まっている。

韓国の公共放送局KBSでは、二〇二〇年六月〜七月に全国の小学四年生、中学一年生、高校一年生の約一三三万人を対象に行われた「インターネットとスマートフォンの使用習慣」に関する調査について報じている（二〇二〇年八月二六日付ニュース）。その結果は、ネットやスマホ依存が疑われる「過依存危険群」の子どもが、約一三三万人中二二万八一二〇人で前年より一割増加、全体の一七・一％に上っている。

「シャットダウン制」という時間制限を設けても、わずか三年で規制を緩和することになり、結局は一転してゲーム産業の強化が行われた。調査対象となった子どもの二割近くがネット・スマホ依存という現状を見れば、残念ながら韓国の取り組みは「成功例」とは言えないだろう。

「子どもの声」を取り入れたルール作りを

前述したように、私は子どものネットやスマホ利用になんらかの規制を設けることには賛成だ。ただそれが「絵にかいた餅」にならないよう、また規制への反動としてかえってオンラインゲーム熱が高まったり、スマホ利用が強化されることがないように、十分な考察や検討が必要だと思っている。

その際には正しい現状認識に加えて、スマホ利用の当事者である「子どもの声」を取り入れるべきではないだろうか。ＳＮＳやオンラインゲームはよくわからない、ボイスチャットもスタミナ制も全然知らない、そんな人たちが作ったルールを子どもに「守れ」と言う前に、おとなの側こそよくよく考えたほうがいい。

「子どもの声」が大切なのは、ルールに限ったことではない。本章の前半で、文部科学省が中学校へのスマホ持ち込みを条件付きで容認したことを述べたが、そもそも当の中学生は「学校にスマホを持ち込みたい」と思っているのだろうか。災害時の連絡手段とか、保護者の要望とか言う前に、当事者である子どもの考えを尊重すべきだと思うが、実際には蚊帳《かや》の外だ。

こうして一部のおとなの思惑で進めた先に、校内でのスマホいじめや登下校時のゲーム利用などの問題が起きたとき、その責任を負わされるのが子どもでは、あまりに一方的な話だろう。

校内に持ち込んだスマホが誰かに壊される、登下校中に紛失する、そんな可能性も考えられる。一台数万円もの高価な機器は全校生徒分を合わせれば数百万円になるが、それでなくても多忙な教育現場に、トラブルの発端となりそうなスマホの管理責任まで負わせていいものだろうか。

　パソコンやスマホなどを使って「勉強する」子どもの割合がＯＥＣＤ加盟国中最下位、「ゲームをする」、「チャットをする」は一位という状況下で、ＧＩＧＡスクール構想により児童生徒へひとり一台のデジタル端末が配布された。保護者や学校関係者からの反対意見が表明されていたにもかかわらず、「保護者のニーズ」という名目で中学校へのスマホ持ち込みが条件付きで容認された。

　一方で、子どものオンラインゲームやスマホ利用を規制しようと、条例や独自ルールを設ける自治体がある。積極的にスマホを使わせたいのか、それともやめさせたいのか、行政の在り方には混乱と矛盾を感じざるを得ない。

　むろんデジタル活用やＩＣＴ教育は推進されていいし、だからこそ正しいスマホ教育や安全対策を講じることが必要だろう。それでも現実には、「ルールがあっても子どもが守らない」、「どんなふうに指導すればいいのかわからない」、「親のほうは最新の状況を知らなくて困っている」といった声も少なくない。

SNSやオンラインゲーム、動画視聴など子どもの実態を踏まえた上で、ではどんな指導や対策をすればいいのか。次章ではスマホに苦手意識を持つ親を念頭に、効果的で実効性のある教育方法について述べていこう。

第4章　スマホ依存の元凶を知る

——「子どもの現実」に向き合う

当の子どもの声を聞く

「ルールがあっても子どもが守らない」、「どんなルールを作ればいいのか」、学校関係者や親たちからそんな相談が寄せられたとき、私は決まって「それは私でなく、お子さんに聞いてください」と答えている。

ルール作りで何より大切なのは、当の子どもの声を聞くことだ。それぞれの子どもによって年齢や友達関係、生活形態、ネットやスマホの利用状況は違うわけで、前述したように一律のルールを課したり、他人にアドバイスを求めたところで現実的には役立たない。まずは目の前の子どもから、何をどれくらいやっているのか、なぜやっているのか、どんなふうに楽しいのかを聞き出してみる。

こうすることで親にも子どもの状況が見えやすい。親の想像を超えていたり、話が理解できなかったりすることもあるだろう。実はそれこそが大切で、親の一方的な押しつけが子どもの状況に合っていなかった、そう気づくことが第一歩だ。

知らないことを子どもに教えてもらうなどコミュニケーションを取った上で、ではどんなルールなら守れそうなのか、具体的な話し合いに進んでいく。むろん、子どもの言い分を一方的に受け入れる必要はない。子どもの事情や意見を聞き、親の要望や気持ちも伝え、双方で調整することが大切だ。

たとえば「利用時間を決める」という場合、一律で制限するのか、それとも子どもの事情に応じて柔軟に対応するのか、個々の状況次第でさまざまな方法が考えられる。「一日二時間」、「夜一一時まで」ではなく、「一週間で二〇時間を上限にする」などと大枠で決めてもいいだろう。そうすれば子どもなりに考えて、「平日は友達とのＬＩＮＥやゲームがあるからたっぷり使う。その代わり休日はスマホ利用をゼロにする」、そんなふうにルールを守りやすくなる。

親子で話し合った上で利用時間を決めても、実際には守れない子どももいる。そういう場合、スマホの「機能制限」を利用して、強制的にシャットダウンすることも可能だ。

アイフォーンにはスクリーンタイムという機能制限が備わっており、アンドロイドスマホでは同様のアプリが用意されている。機能制限では休止時間（画面を見ない時間帯）やアプリ内課金の可否などを設定できるため、たとえば午後一〇時〜午前七時までを「休止」として設定すれば、子どもは自動的にスマホを使えなくなる（休止時間中は、許可したアプリと電話だけが使用可能）。利用や解除の際には暗証番号（パスコード）を入力する

SNS、ゲームなど、スマホにインストールされているアプリごとに、利用を制限することもできる。

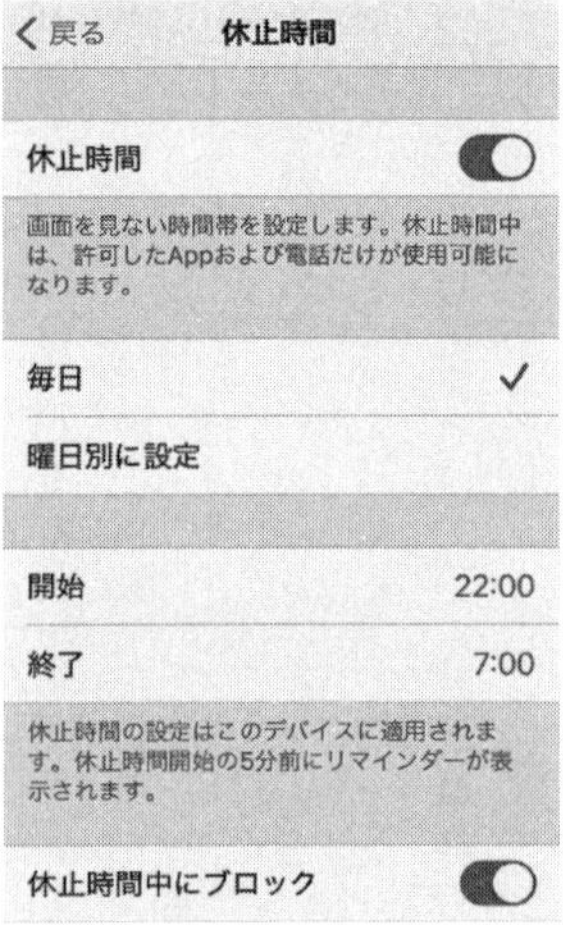

アイフォーンのスクリーンタイムで時間制限を設定した例。「毎日」や「曜日」選択、休止時間の設定などができる。

ため、保護者が番号を管理すれば子どものスマホに制限を掛けられる仕組みだ。

　こうした管理方法は「ペアレンタルコントロール」と呼ばれる。時間制限やアプリ内課金の可否だけでなく、ＳＮＳやゲームなどアプリごとの利用時間を把握したり、成人向けサイトへの接続を制限したりと、親が子どもの利用状況をさまざまに管理できる。

　ペアレンタルコントロールは有効な手段だが、子どもにすれば強制的に制限を課せられることになる。親の独断で行わず、子どもと十分に話し合った上で利用することが望ましい。

ＳＮＳの「利用規約」を知っておく

こんなふうに個々の事情に応じて、あるいは子どもの気持ちや意見を尊重して、現実的に守れそうなルールを作ることが大切だ。先の香川県ネット・ゲーム依存症対策条例のように自治体や学校がルールを設ける場合、「各家庭で十分に話し合い、個々の事情に応じて決めた時間を守るよう指導する」とか、「子どもの了解を得た上で、ペアレンタルコントロールを実施する」とか、子どもより親のほうに責任を課してはどうだろうか。

そもそも子どものスマホトラブルやゲーム依存を防ぎたいのなら、必ずしも「時間」にこだわらず、別の方法を検討してもいい。そのひとつが「利用規約」だ。

ＬＩＮＥやツイッターなどのＳＮＳ、ユーチューブなどの動画投稿サイト、そして各種のオンラインゲームでも、アプリやコンテンツを提供する企業は利用者に対して規約を設けている。代表的なものとして年齢による利用制限、課金の上限額、個人情報の投稿などプライバシーに関わるルール、不正行為の防止などが挙げられる。

利用者はこうした規約に「同意」しているはずなのだが、特に子どもの場合、意図的に違反しているケースが少なくない。たとえば年齢制限の規約違反だ。

ツイッターやインスタグラムなどの主要SNSでは、「利用者は一三歳以上」と規定している。ツイッターの利用規約では、「いかなる場合においても、本サービスを利用するためには少なくとも一三歳以上でなければならない」と明記。つまり、小学生以下はツイッターを利用することはできない。

小学生に人気のユーチューブでも、「本サービスを利用するには、一三歳以上である必要があります。ただし、親または保護者によって有効にされていれば、あらゆる年齢のお子様に本サービスおよび YouTube Kids をご利用いただけます」としている。親や保護者が許可すれば年齢に制限はないが、そうでなければ小学生や未就学児は利用できないと定めている。

ところが実際には、小学生がツイッターで知り合った男に監禁される事件が起きたり、第2章で取り上げたように親の知らないところで小学生がユーチューブの「おっぱい動画」を見ていたりする。

こうしたケースでは子どもが年齢を偽って利用者登録するなど、あきらかな違反行為をしている。誹謗中傷や個人情報の拡散などの問題が起きたとしても、当然ながら運営会社による救済措置は望めない。要は「時間」を制限して防げるトラブルではなく、「利用規約」を守るように徹底しなければならない。

ペアレンタルコントロールの活用を

オンラインゲームも同様だ。前述したフォートナイトの場合、ペアレンタルコントロールについて公式ホームページで次のように解説されている。

〈フォートナイトでは多様なペアレンタルコントロールを提供しており、ゲーム内でプレイヤーが見られるものやできることを管理できます。フォートナイト内での管理に加え、Epic Games ストアや、PlayStation®、Xbox、Nintendo Switch、モバイルデバイス等のご利用のプラットフォームでの管理も可能です。Epic Games ストアやご利用のプラットフォームでのペアレンタルコントロールには、購入制限のオプションも含まれます。〉

具体的な設定として、フォートナイト内では「成人向けの言葉を表示する」、「フレンドリクエストを受け取る」、「ボイスチャット」、「テキストチャット」などでオンかオフかを選択できたり、プラットフォームでは「購入制限」、「他プレイヤーとのコミュニケーション」、「プレイ時間」、「フレンドの追加」などの管理が可能だとしている。

CEROのコンテンツディスクリプターアイコン。表示によってゲームの表現内容がわかる。

たとえばボイスチャットでの子どもの暴言や課金トラブルは、ペアレンタルコントロールでオフに設定しておけばそもそも起きようがない。便利な機能があるにもかかわらず「子どもの暴言や課金に悩んでいる」とすれば、それは子どものせいではなく親の管理責任の問題だろう。

また、一部のオンラインゲームではパソコンやスマホに限らず、家庭用の据え置き型ゲーム機や携帯型ゲーム機にソフトをダウンロードして遊ぶことができる。フォートナイトもそのタイプだが、据え置き型や携帯型に対応するゲームソフトには「CERO」というレーティング（ゲームの表現内容にふさわしい年齢区分）が表示されている。

CEROとは「コンピュータエンターテインメントレーティング機構」の略称で、国内販売されるゲームソフトの対象年齢を定める機関のこと。CEROのレーティングにより、ゲーム内容がどの年齢に適しているのか、事前に把握することができる。

レーティングにはA・全年齢対象、B・一二歳以上対象、C・一五歳以上対象、D・一七歳以上対象、Z・一八歳以上のみ対象があり、B以上には暴力、セクシャル、ギャンブル、犯罪など、年齢区分の根拠となる「コンテンツディスクリプターアイコン」がある。

ちなみにフォートナイトのレーティングはＣ（一五歳以上対象）で、コンテンツディスクリプターアイコンでは「暴力」の表示がある。

先の「利用規約」と同様、オンラインゲームも「時間」を制限するという発想ではなく、「ＣＥＲＯの年齢区分を守る」とか、「ゲームの表現内容を確認してプレイする」といったルールにしてもいいのではないだろうか。

スマホ依存に陥りやすい「三大元凶」

ここまで、子どもが現実的に「守れそうなルール」について述べてきた。一律の時間制限にこだわらず、「アプリやコンテンツの利用規約を守る」、「ゲームはＣＥＲＯの年齢区分を参考にする」など基本的なことを徹底するという発想があっていい。また、子どもにルールを設けるのなら、親のほうにもペアレンタルコントロールやフィルタリング設定などの管理責任を課すべきだろう。

一方、すでにルールが形骸化していたり、子どもが親の注意を無視したり、ＳＮＳやオンラインゲームにどっぷりハマっているような場合はどうしたらいいだろうか。実のところ取材では、こうしたケースが少なくない。

なぜそんなふうになってしまうのか、私は「三大元凶」を指摘したい。ひとつは「なし崩し」で、ルールはあっても次第に子どもが守らなくなり、親もその状態を改善しようとしない。たとえばスマホを使いはじめた当初はフィルタリングを設定しても、子どもから「解除」を求められると、リスクも話し合わず言われるままにしてしまう。その後も見直しを行わず、結局のところなし崩しだ。

次に「見て見ぬふり」だ。注意に耳を貸さないとか、何度叱っても効果がないとか、そういう状況を繰り返すと親のほうが根負けする。子どものスマホ利用に不審な点を感じたり、度を越した使い方に気づいたりしても、見なかったことにしてやり過ごす。

三つ目は「子ども任せ」。自分はスマホに詳しくない、ＳＮＳやオンラインゲームがわからないからと、子どもの好き勝手を許してしまう。一度放任すれば、子どもはどんどん親の知らない世界を築いていく。「わからない」ことはさらに増え、親子のデジタル格差は広がるばかりだ。

私自身、二人の息子を育てた経験から親子関係のむずかしさはよくわかる。「話し合いが大切」などと言われたところで、何をどう話し合えばいいのか悩むことも多いし、話し合ってもうまくいかない場合もあるだろう。

それでも、ことスマホ利用に関しては、なし崩しと見て見ぬふり、そして子ども任せは決して子どものためにならない。なぜなら当の子どもが、「もっと親に関心を持ってほしい」、「ダメなことはダメと強く言ってもらいたい」と思っているからだ。高校二年生の真衣さんはこう話す。

「ＬＩＮＥで友達から悪口を言われたり、ツイッターやインスタとかも、まわりに誘われると断れなくて無理にやらなきゃいけなかったり、ウチらも本音の部分では悩みが多いんです。そういう話を親に聞いてもらいたいと思っても、『ＳＮＳ？　むずかしいからわからない』、『おまえが好きでやってるんでしょ』で終わる。わからないならこっちに聞いてくれればいいのに、関心ないのか、苦手なことに触れられたくないのか、とにかく親はなんにも言ってきません」

親からスマホ利用を放任され、特に話し合いもないままだという真衣さんは、中学時代の友人のエピソードを語ってくれた。友人は親からルールを課せられ、しばしば注意を受けていた。ＳＮＳや動画視聴は一日合計三時間まで、寝るときはスマホを所定の場所に置いて子ども部屋には持っていかない、何かトラブルが起きたときには真っ先に親に相談するなど、いくつもの約束事があったという。

クラスの女子同士がグループＬＩＮＥで盛り上がっていても、友人だけは「ごめん、もう時間だからやめるね」と抜けていく。残ったメンバーが「いい子ちゃんだよね」などと嫌味を言うことはあったが、真衣さんは内心うらやましいと感じていた。

「その子には『親が厳しいから』という理由があっていいなぁと思いました。だってそういう言い訳すれば途中で抜けられるし、無理して友達に合わせる必要もない。普段から『ウチはなんかあったら、すぐ親に相談することになってる』と言っていて、そうなるとみんなもヘタにいじめとかできないですよね？　親が干渉しすぎるのはよくないけど、子どもの裏に親がついてるとある程度見られてるほうが、ウチらも安心できるんじゃないかなと思います」

真衣さんと同様の声は数多い。日頃から親が関心や話し合いの機会を持ってくれないと、「何かあったとき相談できない」、「ひとりで悩むのはつらい」、そう訴える子どもたちと接するたび、実のところ彼ら自身が「適切」な指導やコミュニケーションを求めていると感じる。そもそも、子どものスマホ利用の実態が「わからない」、だから放任しているという場合、ＳＮＳいじめなどの問題も子ども任せになってしまわないだろうか。

「いつでもどこでもいじめられる」

長年、子どもの現場を取材してきた私が特に懸念するのが、スマホやネットを介して起きるいじめの問題だ。第2章でもオンラインゲーム上のボイスチャットトラブルや、友達とのＬＩＮＥで中傷された少女の例を紹介したが、特にスマホが普及して以来、子ども同士のいじめの形態は大きく変わっている。

ひとつはＳＮＳいじめで、誹謗中傷や仲間はずれ、悪質な噂話を広められるなどの被害が起きやすい。スマホが使われることで「いつでもどこでもいじめられる」という状態になり、さらに噂話の拡

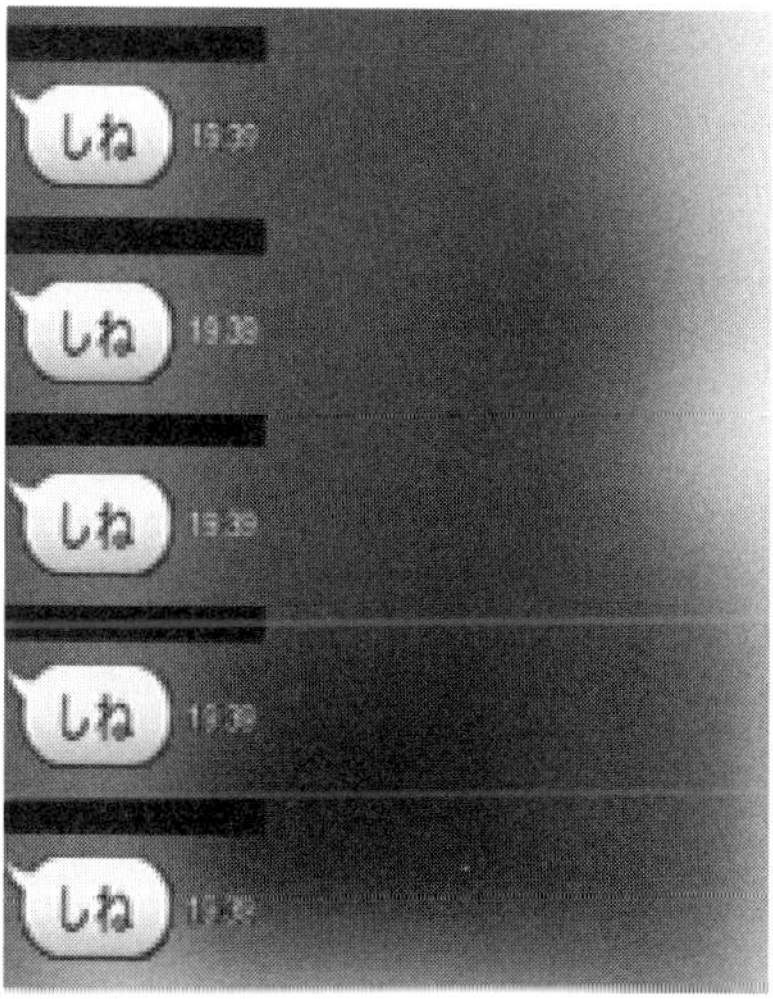

同級生から執拗に届く「しね」という言葉。被害者のダメージは極めて深刻だ。（画像は一部加工）

散など収拾のつかない事態が起きる可能性もある。

左の写真は、数年前に私が取材した由梨さんのＳＮＳ画像だ。当時、中学二年生だった彼女は半年にわたり、クラスの同級生から「死ね」、「消えて」、「顔がおかしい」などの暴言を受けつづけた。たとえばある日のＳＮＳでは、「しね」、「しね」、「しね」というメッセージが何度も送られているが、送信時間はいずれも一九時三九分だ。

通常なら家庭での食事時だろう。おいしいご飯を食べながらくつろげるはずの時間に「しね」と言われ、一分という短い間に残酷なメッセージが執拗に繰り返される。これが、「いつでもどこでもいじめられる」という現実なのだ。

学校のトイレ内の排泄画像で恐喝

スマホという便利な機械を使うからこそ起こるいじめもある。たとえば「カメラ・ビデオ」のアプリを利用したものだ。

前章で文部科学省が中学校への「スマホ持ち込み」を条件付きで容認したと述べたが、実際には以前から一部の生徒が無断でスマホを持ち込んでいた。なにしろポケットに入るほどの大きさだから、隠し持っていこうと思えばいくらでもできてしまう。こうして校内に持ち込まれたスマホが「いじめの道具」として使われる。

当時中学三年生だった翔馬さんは、休み時間のトイレ内で同級生に排泄姿を撮影された。便器に向かって用を足していたとき背後から「ワッ」と大声をかけられ、驚いて体の向きを変えたところを写真に撮られたのだ。

排泄中だったので、性器が露出している。混乱する彼に、同級生は画像を再生してこう言った。「わーい、おまえのチンコ、撮ったぞー」、「この写真、ＬＩＮＥでみんなにまかれたらヤバくね？」、「超恥ずかしいよなぁ、人生終わるぜ」。そう嘲笑すると、つづいて「おまえ、この写真を削除してほしいだろ。わかった、削除してやるよ。その代わり、明日学校に一万円持ってこいよ」と迫ったのだ。

思春期の少年が排泄姿を撮影されただけでも、そのショックは余りある。加えて「ＬＩＮＥでまく（みんなに一斉送信する）」などと言われれば、まさに「人生終わる」ほどの気持ちになるだろう。

翔馬さんは同級生の要求どおり、「削除代」として一万円を支払った。ところが二週間ほど経ったとき、別の生徒から「俺、コピー持ってるんだよね」と言われてしまう。今度は「削除してほしいなら、五〇〇〇円持ってこい」と要求され、このままではずっとタカられるのではないかと怖くなった。ひとり悩んでいた彼は私のホームページを見つけ、相談メールを送ってきた。これを機に、私は翔馬さんの相談に乗ることになった。

「親や先生に言っても、どうせ無理」

「しね」といった暴言を執拗に送られた少女、「排泄姿」の写真を撮られていた少年、ほかにも複数のいじめのケースに対応してきたが、ほとんどの子どもは当初、親や教師に事情を打ち明けていなかった。

　私が相談に乗ってからは、彼らの許可を得た上でそれぞれの親と情報共有したが、そうした機会がなければ当人だけで苦しみを抱えていたかもしれない。では、なぜ子どもたちは親や教師に相談できなかったのか。

「心配をかけたくない」、「いじめがもっとひどくなると困る」などの理由もあったが、断然多かったのは「親や先生に言っても、どうせ無理」という声だった。

　先の真衣さんと同様、彼らの親もＳＮＳやオンラインゲームなど「わからない」からと、子ども任せにしていた。長時間利用などを注意することはあったが、いじめや友達関係のトラブルについて日頃から関心を持ち、積極的に話し合うようなことはなかったという。

そういう親の姿勢を知る彼らは、相談しても「無理」だとあきらめていた。そして実際、彼らの相談を受けた私が情報を共有しようとしても、一部の親は「自分たちはスマホに詳しくないので、石川さんのほうでなんとかしてもらえますか」と言ってきた。

わからない、詳しくない、だから現場をよく知る人の力を借りたいという気持ちは無理もない。一方で「わからない」ことを理由に、率先して我が子と向き合おうとしなければ、子どもはいったい誰を頼りにすればいいのだろうか。

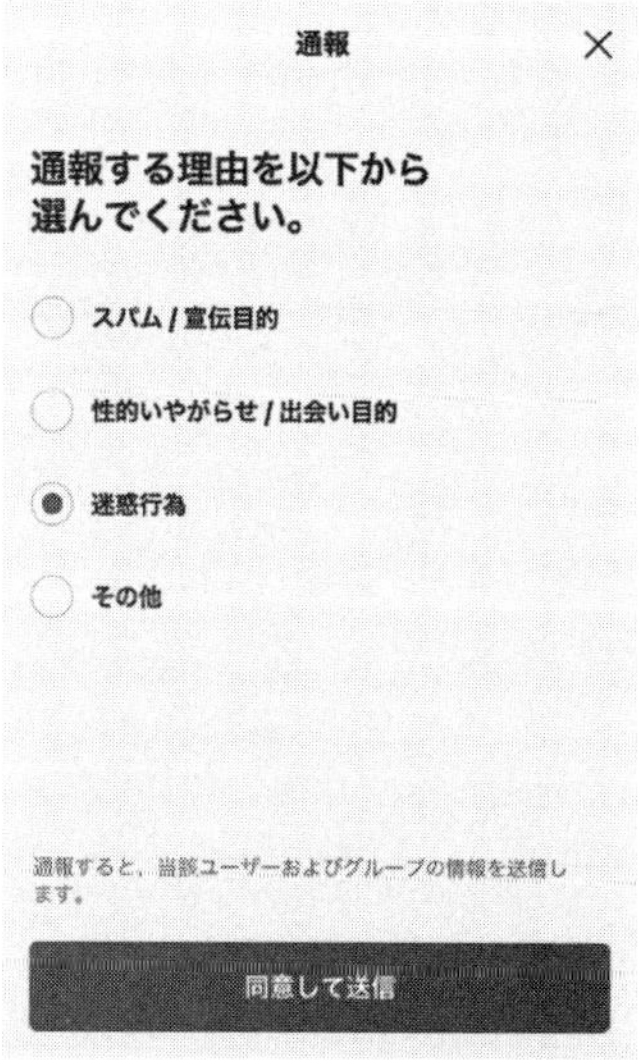

LINEの「通報」機能。該当する項目を選んで送信すると、必要に応じて調査や相手側のアカウント停止などの措置を講じてくれる。

いじめ問題に限らず、子どものスマホ利用全般について、私は親たちに常々「わからないなら、まず自分で調べてください」と伝えている。たとえば「SNS　いじめ　相談窓口」、「LINE　トラブル対応方法」、「オンラインゲーム　夢中になる　理由」、そうしたキーワードで検索すればさまざまな情報を得られる。自治体や警察、法務局などの相談窓口、被害回復のための具体的な方法、実際のトラブル相談事例など、手元のスマホでいくらでも調べられるはずだ。

また、主要なＳＮＳでは利用者からの相談窓口を設けている。たとえばＬＩＮＥには「通報」という機能が備わっており、誹謗中傷などの迷惑行為を受けた際にはすぐに状況を報告できる。ちなみに通報しても、迷惑行為などを行った相手側には通報者の情報は伝わらない。

親と子どもが一緒に問題解決する

ここでは参考までに一部の相談窓口や参考サイトを掲載するが、まずは親自身が我が子のいじめ被害やネットトラブルを想定し、できる範囲で調べることくらいはすべきだろう。その上で子どもに、「お父さん（お母さん）はＳＮＳやオンラインゲームのことはよくわからない。でも、相談窓口や対策方法を調べてみたから、もしも困ったことがあったらなんでも話してほしい。必ず力になるよ」、こんなふうに伝えてほしい。

「わからない」なりに努力する、何かあれば全力で守る、こういう姿勢を見せることが大切で、それが子どもに安心や信頼感を与える。できれば子どもと一緒に情報収集し、具体的な解決方法について事前に話し合っておくといいだろう。「この相談窓口は平日しかやってないけど、お父さん（お母さん）は仕事を休んでおまえと一緒に行くよ」、「ＬＩＮＥの通報を利用しても、相手にはバレないから大丈夫だ」、そんなふうにまずは親自身が積極的に関わることが大切だと思う。

なお、「しね」というメッセージを送られていた由梨さんや、「排泄姿」の画像をもとに恐喝された翔馬さんのその後、そして彼らの親の対応については第5章で詳しく紹介する。

ＳＮＳいじめやネットトラブル対応に役立つ相談窓口・情報収集サイトの一例

法務局　インターネット人権相談受付窓口／子どもの人権110番　いじめや誹謗中傷、個人情報の拡散などのトラブル相談について、メールでも電話でも対応している。「子どもの人権110番」はフリーダイヤルで、通話料・相談料がかからないため、子ども本人

が気軽に利用できる。☎0120‐007‐110

警察庁　インターネット安全・安心相談　インターネット上の各種トラブルの解決を支援するサイト。基本的な対応策をカテゴリー別に示していたり、過去のトラブル事例を検索したりすることができる。

総務省支援事業　違法・有害情報相談センター　「氏名や住所を無断で公開された」、「誹謗中傷の書き込みをされた」、「誹謗中傷した人を特定したい」など、インターネット上の各種トラブルの相談に対応するサイト。「削除依頼」などの方法も紹介している。

都道府県警察本部　サイバー犯罪相談窓口や少年相談窓口など　各都道府県警察本部の公式サイトには、インターネットのトラブルに関する相談を受け付ける専用窓口がある。

東京都都民安全推進本部　こたエール　都内に在住、在学、在勤している人を対象にしたインターネットやスマホトラブルの相談窓口。実際の被害事例や対応策が豊富に紹介されているため、他の地域の人にも参考になる。

民間ボランティア事業　チャイルドライン　一八歳までの子どもを対象とした電話・チャット相談窓口。いじめ、友達関係の悩み、家庭や学校でのトラブルなど、子どもの全般的な悩みに対応している。

学校の道徳的な指導は響くのか

ＳＮＳでの誹謗中傷、スマホのカメラ機能を使ったいじめ、そうした問題に親以上に苦慮しているのが学校現場だろう。文部科学省の『令和元年度児童生徒の問題行動・不登校等生徒指導上の諸課題に関する調査』によると、いじめの認知件数は過去最多の六一万二四九六件。このうち、「パソコンや携帯電話等で、誹謗中傷や嫌なことをされる」は一万七九二四件で全体の二・九％だ。

割合としては少数だが、おそらく「認知」できないいじめが多く、氷山の一角ではないかと感じる。実際、取材先の学校では生徒同士のＬＩＮＥいじめや校内での盗撮行為、友達の個人情報をＳＮＳに投稿するなどのトラブルを訴える声は非常に多い。

危機感を持つ学校関係者は、児童生徒向けに「ＳＮＳいじめ防止講座」を開いたり、ネットやスマホの正しい使い方を教えたりしている。専用教材を用意するなど積極的に取り組む学校がある一方で、旧態依然とした方法で道徳的、抽象的な指導を行う場合もある。たとえば、「いじめはやめましょう。被害者が傷つきます」とか、「ネットやＳＮＳでのやりとりをするときには、相手の気持ちを尊重し、思いやりを持ちましょう」といった表現で「防止」を試みる。

こうした指導は正論には違いないが、肝心の子どもにどう響くか、現実的に役立つかは別問題だろう。率直に言って、私は別のアプローチが必要だと思う。

まず、いじめ防止を「被害者」と「加害者」に分けて考えたい。実際に苦しんでいる子どもにすれば、「被害者が傷つきます」などと言われたところで何の救いにもならないし、どうすればこの状況から抜け出せるのか、具体的な方法を知りたいはずだ。そこで「ＳＮＳいじめに遭ったらどうするか」という実践論を提示する。

ひとつは前述したような相談窓口や参考サイトの情報を伝えること。次に、被害をあきらかにするための「証拠」の保全。さらには加害者との交渉や精神的ダメージからの回復についても指導できるといいだろう。

たとえば証拠の保全なら、ＳＮＳの誹謗中傷メッセージをスクリーンショット（スマホの画面を画像で保存する機能）で残したり、「いつ、誰が、どんなふうにいじめてきたか」など一連の経緯をメモしておく。こうした証拠は各種の相談窓口で求められるだけでなく、加害者との交渉時にも役立つものだ。

いじめられた経緯をまとめるのは被害者にはつらい作業だが、だからこそ親や教師など周囲の協力が求められる。特に学校では、具体的に「誰がどんな対応や協力をしてくれるのか」、きちんと子どもに伝えられているだろうか。

被害に遭った子どもの多くが相談しても「無理」と言うのは、学校内で誰がどのように協力してくれるのかわからない、また相談したことで被害がより大きくなるのではないかといった理由が大きい。

また、残念ながらいじめを「見て見ぬふり」する教師、子ども同士の悪ふざけやケンカなどと考えて真摯に対応しない学校もある。これでは被害に遭った子どもが相談をためらうのも無理はない。

ＳＮＳいじめは被害が拡散しやすく、早期に発見し対処することが大切だ。そのため、「ＳＮＳいじめやネットトラブルで悩んでいるときは、学年主任の○○先生かスクールカウンセラーの○○先生が相談窓口です」、「○○先生に相談した場合、秘密は必ず守ります」、「○○先生は○○警察の担当者と一緒に○○の方法で対応します」などと、具体的な情報を伝えておくといいだろう。

子どもに加害者意識を持たせるには

もうひとつ、加害行為を防止するための教育も必要だ。加害者がいなければ当然ながら被害者は生まれないが、だからといって「相手の気持ちを尊重する」とか、「思いやりを持つ」とか、抽象的な指導で未然に防ぐことはむずかしい。

第2章でも述べたように、個人情報の漏洩やネット上で知り合った人に誘拐や拉致・乱暴されるなどの事件で「自分が当事者（被害者／加害者）になりうると感じたか」について、全体の四二・一％が「特にない」と答えている。取材を通じても、友達へのＳＮＳいじめを「その場のノリ」、「みんなの雰囲気に流された」などという声が上がる。

こんなふうに加害者意識が低いのは道徳的な問題だけでなく、そもそもいじめがスマホやネットを介して行われ、現実感を持ちにくいからでもあるだろう。「死ね」といった残酷な言葉は面と向かってたやすく言えるものではないが、ＳＮＳならスマホの画面に打ち込むだけでいい。相手の「排泄姿」を撮影して恐喝するような行為でも、カメラアプリを起動してタップするだけだ。相手の表情を見ない、直接的には指一本触れないまま済んでしまうため、体感としての加害者意識を持ちにくい。

また、ＬＩＮＥのグループトークなどはやりとりのテンポが早い。会話の流れに遅れたメンバーに対して、「アイツ無視してる？」という誤解から「口撃」するなど、些細な行き違いで加害行為が起きる場合もある。だからこそ、加害者になるとは実際にどういうことなのか、どんな結果を招くのか具体的に教える、いわば加害者教育が大切なのだ。

たとえばＳＮＳに誹謗中傷の投稿をする場合、「匿名ならバレない」と考える子どもは少なくない。だが、被害者がプロバイダー（インターネット接続業者）に対して発信者の特定を求める「発信者情報開示請求」などの手続きを行ったり、犯罪行為と判断されて警察が介入したりすれば個人情報は容易に判明する。結果的に損害賠償責任を負うなど、自分では予想もしなかった事態を招くこともある。

さらにここ最近では、加害者の個人情報やいじめの証拠画像がＳＮＳで拡散、糾弾されるケースも増えている。いじめた張本人はすっかり忘れているような場合でも、被害者にすればそう簡単に許せるものではない。卒業、進学などで相手との関係性が切れたタイミングを見計らい、「私は一年前、○○中学の生徒だった○○に、こんなひどいいじめを受けました」と告発する。

前述したように、ＳＮＳでは「不謹慎狩り」や、正義感から他者を攻撃する人がいる。そうした人たちが被害者の投稿を知れば、加害者のＳＮＳに非難が殺到し、「犯罪者」などというレッテルを貼られ、将来にわたって深刻な影響を及ぼす可能性もある。

加害者になるということは、被害者を傷つけるだけではない。結果的に自分で自分の人生を傷つけ、台無しにしてしまう。だからこそいじめ行為など絶対にしてはいけないと、具体的に教えるべきだろう。

とはいえ加害者にもなんらかの事情があったりする。友達をいじめた経験があるという子どもたちに話を聞くと、「本当はやりたくなかったけど、みんなに合わせないと今度は自分がいじめられる」、「深く考えずについひどいことを言っちゃって、後悔した」、そんな声も少なくない。

言うまでもなく被害者の苦しみを受け止めることは重要だが、一方の加害者の事情や気持ちも聞き出してほしい。被害者と加害者を表面的に仲直りさせて終わりではなく、彼らの本心を理解した上で、再発防止や人間関係の改善につなげていくことが大切だろう。

親が変わることが問題解決に

ルール作りや利用制限、いじめ対応など、すべてに共通するのは「子どもの声」を聞く必要性だ。彼らはスマホ利用の当事者であり、親の知らない世界でさまざまなことを経験している。ほとんど実態を知らないまま、一方的に親の考えを押しつけたところで、真に子どものためになるのだろうか。

ルールを守らない子どもが悪い、SNSやオンラインゲームに夢中の子どもを変えたい、そういう発想を切り替えて、まずは親自身がこれまでの対応を変えていくという姿勢を持ってほしい。

SNSでもオンラインゲームでも、一見楽しそうな子どもが本当は友達関係に悩んでいたりする。親の「見て見ぬふり」や「子ども任せ」で放任されたまま、誰にも相談できずにひとり問題を抱える子どももいる。

「わからない」からと対応を投げ出さず、あるいは一方的な思い込みで責めることなく、親は子どもの声を聞くことからはじめてほしい。自分なりに調べたり、情報収集したりして、子どもと一緒に考える機会を作ってほしい。

「子どもを変えたい」のなら、まずは親が変わる。それが問題解決への大きな転換点になるはずだ。

第5章　親が子どもにできること——スマホの問題に親子で立ち向かう

「紙」のチェックシートで意見交換

「子どもが何歳になったら、スマホを使っても大丈夫ですか？」、「小学生の娘がスマホをほしがるのですが、どうしたらいいでしょうか？」、こんな質問がしばしば寄せられる。今やスマホは生活必需品、子ども自身も自分が持つと信じて疑わない。そこで親たちは、「いつ」という判断に悩むのだ。

とはいえ、これもルール作りと同様、一律に答えることはむずかしい。それぞれの家庭の事情に応じて決めるよう勧めているが、購入時には親子の意見交換が欠かせない。

スマホ購入の際、たいていの家庭では機種選択やデータ通信量、学割や家族割などの料金プランを検討する。一方で購入時に、親子それぞれの考え方について相互確認できているだろうか。

私は「紙に書き出す」というアナログな方法での意見交換を勧めている。まずは子どもが「スマホがほしい理由」を書き出す。「ＬＩＮＥがやりたい」、「ヒマなときオンラインゲームで遊びたい」、「学習用アプリを使いたい」などが出てくるだろう。

次に親は「スマホを使わせる上で心配なこと」を記入する。「ゲームばかりやって勉強しなくなるのでは？」、「ＳＮＳで怪しい人とつながるのが心配」、「ＬＩＮＥで仲間はずれにされたら困る」、そんなふうに率直に書いてみる。

お互いに書き出した内容は、子どもがメリット、親のほうはデメリットとなる。もともとの記入目的が違うので当然の結果だが、こうした正負を可視化するための「紙」なのだ。

子どもはスマホを持ちたいと思うとき、つい良い面ばかりを見てしまう。便利、楽しい、無料のアプリが豊富、あれもこれもやってみたいと期待一色になりがちだ。だからこそ親の不安や心配を伝え、デメリットがあることを確認する。

「ＳＮＳで怪しい人とつながるのが心配」という親の不安があるのなら、そうならないためにどうすればいいのか、次の意見交換に進んでいく。ルール作りやフィルタリング設定、ペアレンタルコントロールの有無なども、こうした機会に話し合えれば先々のトラブルは少なくなる。

子どもがスマホを使う、それは「当事者」になるということだ。自分はなぜ使いたいのか、どんなふうに使うか、トラブルがあったらどうするか、あらかじめ意識させておきたい。たとえば小学生なら最低限表①の項目、中学生なら表①と表②の項目について、子どもの考えを確認するといいだろう。

表①

□一日何時間使うか（使いたいか）
□どんな目的で使うのか（動画を見たい、友達とＬＩＮＥしたい、流行りのオンラインゲームで遊びたいなど）
□どんな場所で使うか（子ども部屋では使わない、外出先で使う場合は親に許可を得るなど）
□どんなルールを作ったらいいか（親と相談して作る、利用時間や利用場所を決める、フィルタリング設定をする、課金をしないなど）
□アプリのダウンロードについて（好きなアプリを自由にダウンロードする、事前に親に相談する、機能制限を利用して使えるアプリを限定するなど）

表②

□ＳＮＳでつながることのメリットとデメリット（いつでも友達と連絡が取れる、みんなと話題を共有できる、噂や悪口が広がりやすい、いつでも書き込みが気になってしまう、知らない人に騙される可能性があるなど）

□スマホを使って得すること、損すること（無料アプリが豊富にある、最新情報が入手できる、学習用アプリで勉強できる、オンライン授業を受けられる、写真や動画が簡単に編集できる、必要もないのに使って時間を無駄にする、ゲーム課金でお金をなくす、スマホを使いすぎて体の調子が悪くなるなど）

□自分の生活とスマホ利用の関係（情報収集や勉強ができて生活が便利になる、ゲームや動画視聴でストレスを解消できる、友達とのＳＮＳで気を遣ってしまう、情報量が多すぎて疲れるなど）

子どものスマホ購入にあたり、「子どもの考え」を確認することは大切だが、一方で親の自覚や利用行動についてはどうだろうか。スマホ利用に関する知識がどれくらいあるのか、どんなふうに使っているのか、トラブルや危険性にどう対処できるのか、実は親自身の状況確認も欠かせない。たとえば表③の項目をチェックすることを勧めたい。

表③

□スマホの操作ができるか（簡単な設定なら自分でできる、わからないことは検索して調べている、アプリの利用などに支障がないなど）

□フィルタリングやペアレンタルコントロールなどの基本的知識があるか（安全対策について理解している、携帯ショップで説明を受けた、保護者向けのパンフレットを読んだことがあるなど）

□自分のスマホ利用は大丈夫か（食事中はスマホを使わない、スマホ操作に夢中になって家事や仕事をあとまわしにしない、必要以上にSNSを利用しない、ネット上に個人情報や画像を投稿しない、噂話や悪口を拡散しないなど）

□子どもの利用ルールや利用状況について話し合いができるか（子どもの成長に合わ

せて定期的にルールを見直す、利用時間や課金の有無などについて子どもの意見を聞く、ＳＮＳへの投稿や他者との交流について話し合いの機会を持つなど）

□アプリの利用規約やサービス利用時の契約、セキュリティについて理解しているか（利用時の注意事項を確認する、アプリ提供会社のプライバシーポリシーについて理解している、必要なセキュリティ対策を実施しているなど）

□スマホ利用に必要な「お金」について子どもに話したか（端末代、毎月の通話・通信料、家庭内Wi-Fiのプロバイダー料金など）

子どもに「お金」を理解させる

取材する親たちにこれらの項目を確認したか尋ねると、まったくと言っていいほど実施していない。「考えてもみなかった」、「子どものスマホを買うのだから、子どもの使い方しか気にしなかった」などと言う。おそらく指摘される機会がなかったのだろうが、親の利用行動が子どもに与える影響は小さくない。

たとえば親が友人とのＬＩＮＥを優先し、家族のことをあとまわしにする。オンラインゲームに夢中で、子どもが話しかけても上の空。移動中や食事中に平気で「ながらスマホ」をしたり、他人の噂話を無責任に広めたりする。それでいて子どもには厳しく言ったところで、説得力がないのはあきらかだろう。

フィルタリングやペアレンタルコントロールなどの安全対策を怠りながら、子どものスマホ利用の危険性を嘆いても順序が逆だ。まずは親としての意識や行動を変え、子どもを守るための責任を負う必要がある。

親が相応の自覚を持たず、「子どもがほしいと言っている」などと安易にスマホを買い与えれば、みずからトラブルの火種をかかえるようなもの。購入時には親子の意見交換とともに、親のほうも自身の指導力や生活態度を振り返ってほしい。

案外忘れがちなのが、子どものスマホ利用に関する「お金」の話し合いだ。アイフォーンなどの端末代だけで数万円、毎月の通話・通信料、家庭内で使用するWi-Fiのプロバイダー料金などを合わせれば、一台のスマホを所有するのに相当なお金がかかってしまう。

仮に子どものスマホ一台につき月に一万円の出費があるならば、その一万円を誰が払っているのか、払うために親はどんな仕事をしているのか、家計のやりくりはどうか、しっかり伝えたほうがいい。

子どもは「スマホがあれば、タダでいろんなことが楽しめる」と思い込み、「タダだから、あれもこれもやりたい」と突き進む。だが、本当のところ「タダ」ではなく、親が必死に働いて毎月の料金を負担していること、親がお金を払わなければスマホは使えないこと、そうした事実を理解しなくてはならない。

それは子どもにとって「歯止め」となり、主導権は親にあるのだという自覚をうむ。また、親のほうも「自分のお金」でスマホを使わせているという意識を持つことで、支払う金額にふさわしい使い方をしているか、本当に有益なものか、考える機会になるはずだ。

ＳＮＳやゲームを検索してみる

こうした方法を取らない、というより知らないまま、すでに子どものスマホ利用が何年もつづいている場合はどうしたらいいだろうか。これまで述べてきたように、ルールは形骸化、フィルタリングやペアレンタルコントロールはなし崩し、子どもはＳＮＳにオンラインゲーム、動画視聴とスマホ三昧で手に負えないという家庭は少なくない。「今さら遅い」とあきらめかけているかもしれないが、実のところ親にできることはたくさんある。

まずは「知る」ことからはじめる。ひとつは子どもが利用しているＳＮＳやオンライン

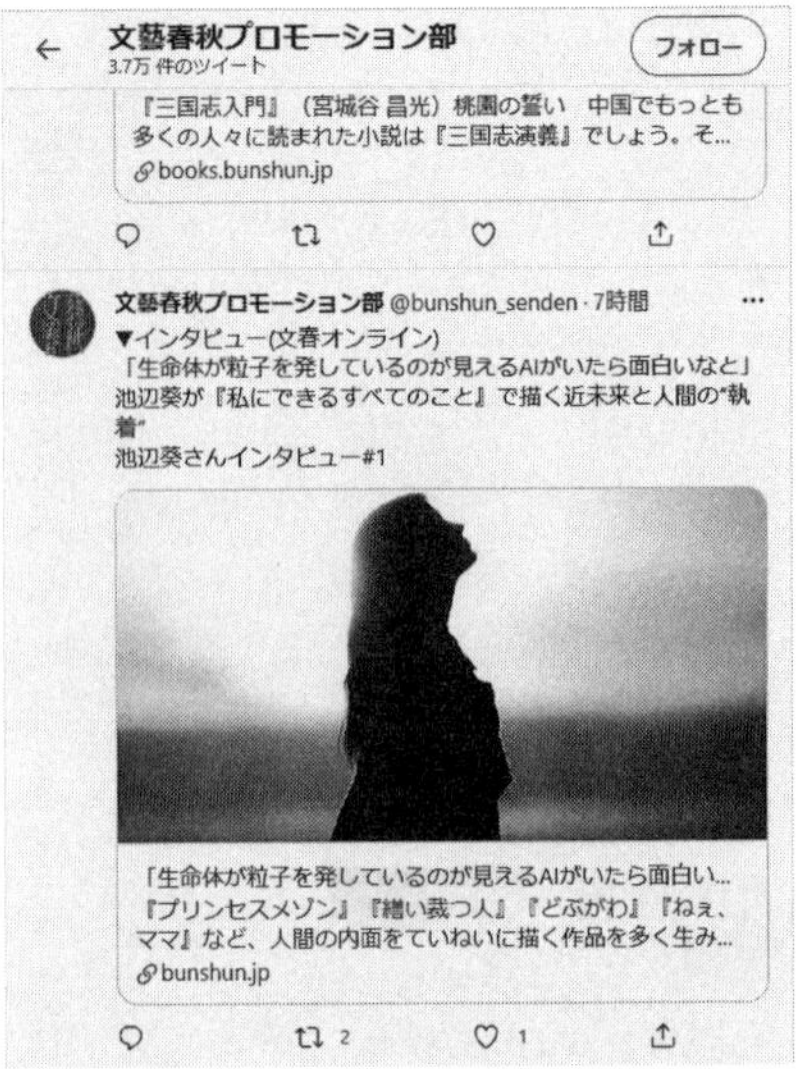

「文藝春秋　ツイッター」で検索、文藝春秋プロモーション部のツイッター画面が表示される。会員登録しなくても、自分が知りたいキーワード＋ツイッターで、「見るだけ」ができる。

ゲームがどんなものなのか、検索機能を活用して調べてみる。たとえばツイッターなら、「ツイッター　初心者　使い方」、「ツイッターとは　わかりやすく　解説」といったキーワードで検索する。「初心者」や「わかりやすく」といったキーワードを使うと、平易な表現で丁寧に解説しているサイトが表示されやすい。ある程度の基礎知識を得たら、今度は実際にツイッターを見てみる。といっても、アプリをダウンロードしたり、会員登録をする必要はない。「見るだけ」ができるからだ。

たとえばヤフーやグーグルなどの検索サイトで「文藝春秋　ツイッター」というキーワ

ードを入力すると、本書の版元である文藝春秋のツイッターが表示される。仮に子どもが利用しているアカウント名を知っているなら、「○○（アカウント名）　ツイッター」で検索すれば、会員登録せずに投稿内容を見ることが可能だ（非公開に設定されている場合は、検索しても見ることはできない）。

ゲーム動画を動画投稿サイトで見る

オンラインゲームの場合は、ユーチューブなどの動画投稿サイトを活用する。前述したフォートナイトなら、「フォートナイト　初心者　ゲーム解説」、「フォートナイトとは　遊び方　簡単に」、「フォートナイト　人気　理由」などのキーワードで検索すると、ゲームの内容、遊び方、人気の秘密などを解説した動画が数多く表示される。

子どもに人気のゲーム実況について知りたければ、「○○（ゲーム名）　ゲーム実況　初心者向け」などとしてもいい。動画投稿サイトでは実際にプレイすることはできないが、映像や音楽などに趣向を凝らした実況動画を「見るだけ」でも、ゲームの雰囲気を楽しめる。

こんなふうに子どもの世界を垣間見ると今までわからなかったこと、たとえば「ツイッターってどんなやりとりをしているんだろう」、「オンラインゲームは何が楽しいんだ？」、そんな疑問が多少なりとも解消される。少なくとも「知る」ことで、親子の会話のきっかけくらいは手に入る。

ともすれば子どもは、「何も知らないのに説教だけする」、「ピントがずれたことを言われても返事に困る」などと親とのコミュニケーションを敬遠しがちだ。だがそうした子どもの言い分は、見方を変えれば誰しも心当たりがあるだろう。仕事の内容を知らないくせに批判してくる、そんな相手と進んで話をしたいとは思わないはずだ。

だからこそ親は子どもの状況になにかしら関心を持ったり、少しでも理解しようとする姿勢を示してほしい。たとえば子どもが好きなアイドルのツイッターを「見るだけ」で確認し、そこに記載された情報をもとに「〇〇さんのツイッター見たら、フォロワー（投稿を受け取る人）が五〇〇万人もいてビックリした」などと言ってみる。それを糸口に「おまえはフォロワー何人くらい？」とか、「フォロワーが増えると、なんかいいことあるの？」とか、会話をつづけることもできるだろう。

また、フィルタリングやペアレンタルコントロールの設定方法、ＳＮＳトラブルの相談窓口、小中学生に人気のアプリ、利用規約や契約事項といった子どものスマホ利用に関わることも「知る」を習慣づけるといい。たとえばツイッターの利用規約で「利用者は一三歳以上」と知れば、小学生の子どもに「規約違反だから使ってはいけない」と明確に伝えられる。会員登録された個人情報の取り扱いに関する契約を知ることで、自分のプライバシーがどう利用されるのか、親子で考えるきっかけにもなるだろう。
「危ない」、「使うな」、「ダメだ」と口先で注意するよりも、正当な理由をもとに子どもと話し合うほうが効果的。そのためには、親の知る努力が求められる。

携帯ショップに出向いて相談する

次に「利用する」という方法を勧めたい。子どものスマホ問題が長期化、複雑化していれば、親だけで対応するのはむずかしい。たとえば検索でフィルタリングの設定方法を調べても、どんなアプリにどう制限をかければいいのか、一旦制限した機能をどんなタイミングで解除するのか、実際の操作で躓《つまず》くという場合も少なくない。

そもそもフィルタリングを使わないまま何年も経過しているような子どもでは、いきなり「制限をかける」と言っても反発するだろう。「そんなのなくても大丈夫」とか、「今さら？　絶対ヤダから」とか、話が前に進まないこともある。

そんなときはスマホを購入した携帯ショップを利用する。たとえば事前に親だけでショップに出向いてフィルタリング設定について相談し、スタッフから子どもに話をしてもらうよう頼むのだ。高校一年生と中学二年生の娘を持つ母親（四七歳）は、実体験をこう話す。

「何年か前に娘のスマホを購入した携帯ショップの前を通ったら、『お子さんのフィルタリング設定、大丈夫ですか？』というポスターがあったんです。大丈夫どころか、ウチはまったく制限もないまま何年も使わせていて、内心ではずっと気になっていました。思いきってショップに相談したら、専門知識を持つスタッフが娘に説明することを提案されたんです。後日、娘たちを連れていくと、ＳＮＳやスマホゲームの話を交えながらうまく誘導してくれる。二人の利用状況に合わせたフィルタリング設定をすることになって、すんなり問題が解決しました」

ＮＴＴドコモやａｕ、ソフトバンクなどの直営ショップでは、購入や料金、故障の相談だけでなく、フィルタリングの設定や説明を行っている。比較的若いスタッフが多かったり、アプリやネットサービスの知識が豊富だったりと、子どもの状況にも理解が深い。日常的に顧客対応をしているため、「先日来店された○○中学の生徒さんもこういう設定をしましたよ」などとじょうずにコミュニケーションを取ってくれたりする。

格安スマホでは直営ショップを設けていない場合があるが、電話やオンラインチャットを利用して相談することはできる。ホームページ上でフィルタリング設定の方法を動画で紹介していたり、ＳＮＳトラブルや危険なアプリ利用の注意喚起をするなど、各社で工夫を凝らした対策を講じている。

前述したように青少年インターネット環境整備法では、一八歳未満の子どもがスマホ（携帯電話）の契約や機種変更をする際、携帯ショップなどでフィルタリングの設定やインストールを行う有効化措置（機能を使えるようにすること）が義務化されている。

購入時の設定を解除し、そのまま何年も経っているような場合でも、携帯電話会社へ利用料を支払っている以上、ためらうことなく相談したり、協力を求めたりするといい。ただし、全面的にショップ任せにするのではなく、主導権や責任の所在は親にあるという意識は必要だ。

また、携帯電話会社では保護者向けに各種の相談窓口を紹介していたり、スマホトラブルを防止するための冊子やビデオ教材を配布したりと、さまざまなサービスを提供している。たとえばＮＴＴドコモのホームページでは、「スマホ・ケータイ安全教室」という冊子や、ユーチューブで視聴できるビデオ教材を紹介している。「入門編（小学生向け）」、「応用編（中高生向け）」、「保護者・教員編」などと分かれており、子どもの年齢や利用状況に応じて参考にしやすい。

冊子やビデオ教材は、ＮＴＴドコモが学校などで開催する「スマホ・ケータイ安全教室」でも使われている。要は学校での講義内容と同じものが家庭でも利用できるというわけだ。学校では年に一度、授業時間を使っての短い講義になりがちだが、家庭ならいつでも何度でも利用できる。親子で一緒にビデオ教材を視聴したり、冊子をもとに話し合ったりと、さまざまな活用法があるだろう。

こうしたサービスは、携帯電話会社のホームページにアクセスすれば誰でも使える。むろん格安スマホの利用者でも大丈夫だ。ＮＴＴドコモ、ａｕ、ソフトバンクなど各社が提供するサービスをあれこれ見比べて、より使いやすい教材を探してみるのもいいだろう。

具体的な性被害の実例を知る

「ＳＮＳは怖い」、「オンラインゲームは危ない」、そんなふうに叱っても子どもはどこ吹く風、親の説教には一向に耳を貸さないという場合も多い。具体的に何が怖いのか、どうして危ないのかが伝わらないと、説得力に欠けるからだ。

親が下手な説教を繰り返すくらいなら、具体的なトラブル事例が紹介されたサイトを見るよう子どもに勧めてみるといい。前述したＮＴＴドコモのビデオ教材でもトラブル事例は紹介されているが、「怖い」や「危ない」を強調しているのが警察庁のサイトだ。

たとえば『ＳＴＯＰ！　子供の性被害』というサイトでは、「対策のための啓発資料」としてマンガ形式など子どもが身近に感じやすい冊子やリーフレットを提供。「子供の性被害等防止対策動画」として、ビデオ教材も公開されている。

警察庁の啓発資料は、実際の犯罪被害の経緯や加害者の手口が紹介されているため、まさに「何が怖いのか」がリアルに伝わりやすい。「性被害」、「リベンジポルノ」、「ＪＫビジネス」など、潜在化しやすい問題にも焦点を当てている。ちなみにリベンジポルノとは、かつての恋人などが別れた相手に復讐しようと、交際中の性的画像をＳＮＳで公開するような行為。ＪＫビジネスは女子高生（ＪＫ）に性的なアルバイトなどをさせることだ。

親子で話し合う、あるいは一緒に考えるという場合、「性」の話題を持ち出すのはむずかしい。「ＳＮＳで知らない人と仲良くなったことはあるの？」とは聞けても、「ＳＮＳで裸の写真を送ったことはあるの？」とは聞きにくいだろう。親が尋ねたところで、子ども

警察庁のサイト『STOP! 子供の性被害』に掲載されているリーフレット。「JK ビジネス」や「自画撮り」、「男子の被害」など、潜在化しやすい問題への対応策を紹介している。

が正直に答えてくれるとも限らない。

それでも現実には、親子でつい避けてしまう問題ほど深刻化する。気づいたときには子どもの裸の写真がアダルトサイトで拡散していた、そんな事態にもなりかねない。第1章でも紹介したように加害者の手口は巧妙で、正体を偽ったままLINEのグループに参加してきたり、「かわいい」、「好きになってもいいかな?」などと思春期の心をくすぐるような迫り方をしてくる。それが好意ではなく悪意かもしれないと考えるためには、あらかじめ犯罪の実例を知っておいたり、被害者が陥りやすい心理を理解しておくことが大切だ。

また、警察庁の『STOP! 子供の性

被害』では、トラブルや被害に見舞われた場合の相談窓口だけでなく、実際の支援の内容を一覧にして紹介している。たとえば「医療機関の受診援助」では、「もしかしたら妊娠したかもしれない」、「性病をうつされたかもしれない」、「病院に行きたいが一人では行く勇気がない」など具体的な困り事を挙げた上で、「病院を紹介したり、一緒に病院に付き添うなどの受診に関する援助」をする相談機関や窓口を掲載している。「妊娠」や「性病」など、親にとっては目を覆いたくなる言葉だろうが、逆に言えばだからこそ子どもは親に相談できないと思い込んでしまう。

性被害児童の一割は男子

「ウチの子はそんな被害に遭うはずはない」と思う親も多いが、「性被害」は必ずしも恋愛関係や性行為で生じるものではない。たとえば私の取材では、女子中学生のグループＬＩＮＥで、男性の性器や男女の性行為の画像がアップされるというケースがあった。

画像を送信した少女はちょっとした悪ふざけのつもりで、グループ内の友達を驚かせようとしたらしい。思春期の子どもは性に興味を持ちやすく、おまけにインターネットでは過激な性的画像があふれている。「ウチのクラスで、エッチしたことのある子っているかな？」、「○組の○○と○○は、ヤッてるかもしれない」、そんなトークが女の子同士で交わされたりもする。だが、いきなり性器の写真を見せつけられてショックを受ける子どもがいれば、それも確かに性被害だ。

駅のエスカレーターでスカートの中を盗撮されたり、満員電車で痴漢行為を受けたりして、一連の画像をアダルトサイトに掲載される恐れもある。むろん、被害は女子に限ったものではない。ここ最近はＳＮＳやオンラインゲームを通じて男子が性被害に遭うケースも増えている。

警察庁の『令和二年における少年非行、児童虐待及び子供の性被害の状況』によると、二〇二〇年に児童ポルノ事犯の検挙を通じてあらたに特定された被害児童の総数は一三二〇人。このうち女子は一一六四人で、男子は一五六人、つまり性被害を受けた児童の一割強にあたる。

警察庁指定の相談窓口のひとつであるＮＰＯ法人・ライトハウスが中高生向けに制作したマンガ冊子『BLUE HEART』では、そのリアルな実態が描かれている。中学二年生の少年が街で出会った若い男性に「ゲームの対戦相手になってほしい」と誘われる。家庭では母親から「ゲームばかりやるんじゃない、勉強しなさい」と叱られていた少年は、男性の自宅で一緒にゲームをしたり、たわいないおしゃべりをしてすっかり打ち解ける。

親や学校から離れた自分の居場所を見つけたようで、たびたび男性宅を訪れていた少年だが、あるとき相手から体をさわられる。突然のことに戸惑い、あわてて逃げ帰ったが、「あの場所がなくなったら、また家と塾と学校で息がつまる」、「もうあんなことないかもしれない」、そんな思いで再び出向いてしまう。その結果、性的な被害に遭った上、盗撮画像がネット上で公開されていたことを知るというストーリーだ。

男子は女子に比べて、被害を訴えることに抵抗感が強い。たとえ無理やりでも体をさわられると性器に生理的反応が生じやすく、そういう自分を責めたり、恥ずかしく思ったりしがちだ。警察庁が児童ポルノ事犯を検挙して被害者と特定した男子はおそらく氷山の一角で、潜在的には人知れず苦しんでいる子どもが相当数に上るだろう。

女子中学生のグループＬＩＮＥでも、駅や電車内でも、一緒にゲームで遊ぶ同性からでも、性被害の危険性は子どもたちの身近にある。おまけにこうしたトラブルは、学校や携帯電話会社の安全教室、一般的なスマホ関連本では扱わず、親子の間でも話題にしにくい。

本書でこうした実態を取り上げるのは、ＳＮＳやオンラインゲームのトラブルよりはるかに埋もれがちな問題であり、一方でひとたび被害に遭えば子どもの心身に深刻な影響をもたらすからだ。

　ほとんどの子どもは知識を持たず、危険性への認識もなく、むろん対応策も知らない。せめて親が働きかけて「何が怖いのか」を具体的に伝え、関連する情報へのアクセスや相談窓口の利用を勧めてほしい。

子どもに「時間」を考えさせる

　親が「知る」、各種のサービスやサイトを「利用する」だけでなく、「子ども自身に考えさせる」という方法も有効だ。これは私が取材で会う子どもたちに実践しているのだが、なにかしら考える材料を与えて「あなたはどうする？」と問いかける。たとえばスマホの長時間利用という問題があったとき、まずは彼らにその「時間」について考えてもらう。

　といって「利用は午後一〇時まで」とか、「一日二時間まで」というのではなく、ひとまず子ども自身が一日あたりの利用時間を記録する。一日四時間使っているという場合、月単位で集計すると一カ月で一二〇時間、一年では一四四〇時間だ。今度は一年一四四〇時間を一日あたりの二四時間で割る、すると六〇日という数字が出てくる。つまり、一日四時間のスマホ利用は一年のうち二カ月間、ずっとスマホを使いつづけているということだ。

　こうした数字を示した上で、彼らに「一年のうち二カ月もスマホに費やしていて、あなたはそれをどう考えるか？」と問いかける。ほとんどの子どもは出てきた数字に驚くが、それは自分の「時間」を正しく認識してこなかったからだろう。

　一日何時間スマホを使った、今日は何時までゲームをした、そういう意識はあったとしても、その結果どれほどの時間を失っているのか気づかない。一年で二カ月を費やせば六年では計一二カ月、それこそ中学高校の六年間のうちの一年間はひたすらスマホ三昧になるのだが、そんな人生でいいのかを考えさせるのだ。

　スマホの利用時間を「お金」に置き換える方法もある。たとえば地域の求人広告で、「高校生のアルバイト募集　時給九五〇円」という記載があったとしよう。スマホに費やす時間でこのアルバイトをした場合、一日四時間なら三八〇〇円。一カ月では　一万四〇〇〇円、一年では一三六万八〇〇〇円となる。

　現実には連続勤務はできないし、むろんアルバイトを勧めているわけでもない。あくまでも形式上の話だが、一カ月で一〇万円以上を得られる時間と同じだけの「価値」が、日々のスマホ利用にあるのか考えさせる。

スマホの端末代や毎月の利用料といったお金そのものを考えさせるのもいいだろう。前述したようにできれば購入時に親子で話し合ってほしい項目だが、機会を逸した場合でも方法はさまざまある。

たとえば毎月の利用明細書や料金表を必ず子どもに見せる。「五月分　圭太七三四〇円、奈々子五九六〇円」、そんなふうに子どもの名前と利用料を書き出し、冷蔵庫のドアに貼ってもいいだろう。最近ではデータ通信料を定額制で利用している子どもが多いが、機種変更をすると端末代の分割費用が加算され、一気に料金が高くなることもある。ところが当の子どもは自分のスマホの利用料がいくらなのか、家計にどれくらいの負担となっているのか、全然知らなかったりする。

ほとんどの家庭では家族分を合算して、銀行引き落としやクレジットカード払いにしている。利用明細書も紙ではなく専用アプリで確認するようになっており、スマホの利用料金は親しか知らないという状況が起こりやすい。だが、「お金」に関することこそ、しっかりと子どもに考えさせるべき現実だ。

「タダ」に慣れきっている子どもたち

そもそも毎月の利用料は、誰が、どうやって支払っているのか。一部の高校生では「自分のアルバイト代で払っている」といったケースもあるが、ほとんどの場合は親が負担しているだろう。ではその親はどういう仕事をして、いくらの収入を得て、毎月どのような家計のやりくりをしているのか、きちんと子どもに伝えられているだろうか。

　無料のアプリやネットサービスが当然のごとく提供される今、子どもたちは「タダ」に慣れきっている。スマホを買ってもらっても、好きなように使ってもあたりまえ。親が注意でもしようものなら「うるせぇな」、「ほっとけよ」と不《ふ》貞《て》腐《くさ》れたりする。

　親の注意が的を射ず、一方的な押しつけで子どもに響いていないという場合もあるが、反対に子どもが親に対して何の感謝も敬意も持たず、自己中心的な勘違いをしていることも少なくない。

　毎日何時間でもスマホを使える。流行りのアプリや人気のコンテンツをじゃんじゃん楽しむ。ツイッターのフォロワーが何百人もいる。オンラインゲームの勝者ランキングで上位になった。そんな毎日があることを「自分の力」のように思い込んで、ますます好き勝手に使っていくのは、お金や生活の心配をしなくて済むという理由も大きいだろう。

　だが実際には「親の力」でお金を払ってもらい、生活全般を支えられ、その上ではじめて成り立っている。親が子どものスマホの契約を解除したり、利用料の支払いをしなかったりすれば、SNSもオンラインゲームも楽しむどころではない。

こういう現実を、子どもに考えさせている家庭はどれほどあるのだろうか。それこそスマホの長時間利用に悩んだり、いくら叱っても通じなかったり、成績や健康に悪影響が出ているならば、それでも親はスマホの利用料を支払うべきだと思うのか、毅《き》然《ぜん》と子どもに聞いてみるといい。

子どもがルールを守らない、ルールが形骸化しているような場合でも、あらたに「お金」という視点を加えてもいいだろう。五回ルールを破ったら、スマホの利用契約を一時休止する。毎月の利用料のクレジットカード払いをやめて、子どもがコンビニで現金払いにする。自分のスマホ利用料は、家事を手伝うなどの労働と引き換えに親に支払ってもらう。そんなふうにアプリもネットサービスも実はタダではない、好きなように使ってあたりまえではないと意識させる。

両親と子ども二人、四人家族のスマホ利用料やプロバイダー料金の合計が、月に四万円だったとしよう。母親の財布に当面の生活費が五万円あるとして、そこから子どもに四万円を渡してみる。一万円しか残らない財布の中を見せながらコンビニで現金払いをするよう伝えるのと、自分の知らない間に親の銀行口座から料金が自動的に引き落とされるのと、子どもにとってどちらにインパクトがあるのかはあきらかだ。

ＳＮＳの投稿の向こう側に生身の人間がいるように、日々のスマホ利用にはお金や仕事という「親の現実」が関わっている。その実感を与えた上で、どう使えばいいのか、自分の使い方に間違いはないのか、子ども自身が考えられる機会を作ってほしい。

そういう機会や材料があれば、彼らはきちんと考える力を持っている。これまでスマホに費やした「時間」について後悔したり、親の「お金」を好き勝手に使っていたことを反省したり、ならばこれからどうしたらいいのかと、自分のスマホ利用を主体的に考える。そうして当事者意識を持たせることが大切なのだ。

いじめ被害をどう解決したか

「知る」、「利用する」、そして「子ども自身に考えさせる」を組み合わせることで、子どものスマホ利用の問題はさまざまな解決策が見つかる。たとえば前章で取り上げたいじめ被害だ。

「しね」というメッセージを送られていた由梨さん、「排泄姿」の画像をもとに恐喝された翔馬さんのケースがどうなったか、彼らの両親がどういう対応をしたか、ここでは一連の経過について報告しよう。

我が子のいじめ被害を知った両親のショックは当然ながら大きかったが、まずは自分たちにできる対応を知ることからはじめた。由梨さんの場合は暴言のメッセージ画像を保存し、翔馬さんは排泄姿を撮影されたり、加害者に一万円を渡したりした日時や場所、状況を記録した。いずれも被害の「証拠」になるものだ。

次に、いじめ被害に対応する相談窓口を利用した。由梨さんの場合は法務局の「子どもの人権１１０番」、翔馬さんは地元の教育委員会が設置している「いじめ相談ホットライン」で、当人と両親がそろって相談をした。

その結果、二家族とも穏便な方法を提案される。学校に事情を説明した上で、担任や管理職の教師から加害者の指導や相手側保護者との面談をしてもらうというものだ。思わぬ提案に、由梨さんと翔馬さんの両親は困惑した。相談窓口の担当者が、率先して動いてくれると思っていたからだ。

実は公的な相談窓口では、子どものいじめ問題を「学校内」で処理させたがる。いじめは子どもの生活指導上の問題という認識のため、「教師に対応を依頼してください」、そんな助言になりやすい。また、被害者と加害者が同じ学校の児童生徒の場合、学校側がまったく関知しないわけにもいかない。双方の主張や事実関係の確認、今後の対応などを考えれば、ひとまず学校側と協議したほうがいいというスタンスだ。

「学校に相談しても、先生が真剣に対応してくれるかわからない」、「相手の子どもに謝らせて終わり、なんてことになりそう」、「弁護士でもなんでも頼んで、法的措置を取ったほうがいいんじゃないか」、由梨さんと翔馬さんの両親からは、私のもとにそんな相談が寄せられてきた。

彼らの主張はもっともで、残念ながら子どものいじめ問題に消極的な姿勢の学校があることは事実だ。誹謗中傷を「悪ふざけ」、暴力行為を「子ども同士のケンカ」だとこじつけて、体《てい》よく泣き寝入りを迫る場合さえある。

といって学校側との協議を行わないまま強硬手段を取ると、逆に「学校に相談もしないで勝手に騒ぐ親子」などと、被害者のほうがマイナスイメージを持たれたりする。相談した結果、学校側が真摯に対応してくれる可能性もあるわけで、いずれかの結果に応じて次の方法を考えるという手順を踏むことが大切だ。

そこで彼らに、再び「知る」ことを勧めた。インターネットで「子どものいじめ　解決方法」とか、「いじめ　相談　ＮＰＯ」などと検索して情報収集し、学校側との交渉に備えてもらうためだ。

由梨さんと翔馬さんの両親はいくつかのサイトを参考に、まずは証拠を集めることにした。すでに誹謗中傷のメッセージ画像や、排泄姿を撮影された日時などの記録を保存していたが、それ以外に「同級生の証言」や「目撃者」などの客観的事実を集める。たとえばＳＮＳでの誹謗中傷の場合、別の生徒とのグループＬＩＮＥでも加害者が被害者の悪口を言っていたことがわかれば、グループ内の生徒や保護者からの証言で証拠の上積みができる。

親の人生経験を子どもに話す

こうして集めた証拠や客観的事実をもとに、由梨さんと翔馬さんの両親は二つの文書を作成した。いじめの事実を綴《つづ》った文書には、被害の日時や状況、目撃者の証言、実際の画像などを入れた。もうひとつの要望書には、どのような対応を望むか、具体的な内容を記述した。たとえば「○日までに加害者側から事情を聞き、その内容を○日までに返答してください」、「学校側の指導や対策方針を、○日までに文書で示してください」、「加害者の子どもと保護者の謝罪、弁償を要求する」、「具体的な再発防止策を考えてほしい」などと、期日や要望内容を明確にする。

証拠や要望書のないまま口頭で学校側と協議しても、「言った、言わない」、「聞いていない」とうやむやになりかねない。コピーを取った上で文書を渡し、また学校側との話し合いの内容もメモを取るなどしたほうがいい。

ただし、ここで忘れてはならないのが「子どもの気持ち」だ。親のほうは我が子かわいさや、加害者への怒りでつい先走る。何がなんでも相手を処罰してやりたいと思いがちだが、子どもには子どもなりの世界と人間関係、そして考え方がある。

これから学校内でどうしたいのか、加害者に何を望むか、クラスの仲間にいじめの事実を知られたいのか隠したいのか、不登校や転校という手段を取るか、「子ども自身に考えさせる」ことが大切だ。

由梨さんは加害者に「復讐してやりたい」と考えた。その意向を尊重し、ではどういう方法で復讐するか、両親と私を交えて話し合った。当初、由梨さんは「相手の子に『しね』を倍返ししたり、学校中に悪口を広めたい」と言ったが、それでは自分のほうが加害者と同じ立場になってしまう。そこで私から両親に、これまでの経験を語ってもらうよう勧めた。

子どもよりずっと長い人生を送ってきた親には、何倍もの苦悩の経験がある。いじめられたり、嫌がらせをされたり、手ひどく裏切られたりして、相手に復讐したいと思ったこともあるだろう。そんなときどうしてきたか、親の人生経験をもとに子どもに考えさせるのだ。

由梨さんの父親は仕事上で理不尽な目に遭った経験を、母親は高校生のときにいじめられたつらさを語った。二人とも怒りや憎しみを覚えたが、一方で「負けるもんか」と思ったという。相手より上の立場を目指したり、人望を集めたり、自分なりの楽しさや幸せを探して日々を充実させる。そのために自分が努力していくことが結果的に苦しさを忘れさせた、そんな経験を語ってくれた。

両親の話を聞いた由梨さんは、直接的な復讐をする代わりに、加害者よりも充実した人生を目指すほうがいいかもしれないと思うようになる。ではそのためにどうすればいいか、と考えることを繰り返すのだ。

こうして由梨さん自身の考えを尊重しながら要望書を作成し、学校側と協議した。加害者の子どもと保護者からの謝罪、二度といじめをしないという約束、座席を離して接触を避けるなど学校側の配慮、そんな項目を挙げたところ要望どおりになった。

由梨さんは、かつて両親が思ったという「負けるもんか」の精神で、弁護士を目指そうと決めた。自分と同じくいじめ被害に苦しむ子どもを救えるように、勉強をがんばりたい。苦しみを共有できる人とつながりたいと、いじめ問題に取り組むＮＰＯのイベントに参加して、同世代のあらたな仲間を作った。

警察への相談で加害者側の態度が一変

一方、当時中学三年生だった翔馬さんは思わぬ事態に直面した。学校に相談し、担任と教頭から事実関係の聞き取りをしてもらうと、加害者側がいじめの事実を認めなかったのだ。翔馬さんは学校内のトイレで排泄姿を撮られたが、当の画像は加害者のスマホに保存されている。「削除代として二万円を渡した」、「その後、別の生徒から五〇〇〇円を要求された」という事実も当事者のみのやりとりで第三者の目撃証言がない。

加害生徒は「トイレでふざけただけ」、「画像なんかない」、「一万円をもらっていない」と開き直り、相手方の保護者も「ウチの子は知らないと言っている」と非協力的だった。

経緯をまとめたメモはあっても、肝心の画像が手元にない。おまけに加害者の全面否定で、翔馬さんと両親は途方に暮れた。そこで私から、あらためて「知る」と「利用する」を勧めてみた。

両親は当初、地元の教育委員会が設置する「いじめ相談ホットライン」を利用したが、むろん相談窓口はほかにもある。ネット検索でいくつかの窓口をピックアップして相談をつづけ、そのうちのひとつから警察庁が全国の都道府県に設置する「ヤングテレホン（少年相談窓口）」を紹介された。早速、連絡を取って事情を説明したところ、管轄警察署の生活安全課に相談できるという。ただし被害者本人、つまり翔馬さんが両親と一緒に出向く必要があったため、今後の進め方について親子で話し合いをつづけた。

翔馬さんは自身が警察に行くことは躊躇《ちゅうちょ》したが、ひとまず両親だけで相談することに同意した。そこで両親が担当警察官と面談、その結果、状況次第で「被害届」を出せるかもしれないという助言を受ける。

そもそも子どもの性器を撮影したり、裸などの性的画像を保存して所持することは児童ポルノ禁止法違反に、そうした画像をもとに被害者を脅して金銭を受け取れば恐喝罪になる可能性もあるという。児童ポルノ禁止法では「性欲を興奮させ又は刺激するもの」という要件がついており、また恐喝罪でも被害の連続性や悪質性が勘案されるため必ずしも事件化できるわけではないが、「本人から詳しい事情を聞いた上で対応する」という話だった。

両親も翔馬さんも、この助言に驚いた。被害届や児童ポルノ禁止法違反などという言葉が出てくるとは予想もしなかったからだ。とはいえ、警察の介入によって相手の態度が硬化し、報復される可能性もある。たとえば翔馬さんの個人情報とともに排泄姿の写真をSNSで拡散されてしまえば、仮に事件化されても被害はより大きくなってしまう。

親子でメリットとデメリットを話し合い、あらためて文書を作成した。警察に相談したこと、状況次第で被害届を出すかもしれないこと、児童ポルノ禁止法違反や恐喝罪の可能性があると助言を受けたことなどを記載し、学校から加害者側に渡してもらった。すると全面否定から一転、いじめ行為を認めて謝罪と弁償をさせてほしいという回答があった。

結果的に恐喝された一万円を弁償の上で、画像の完全削除やコピーの回収についての念書を取りつけた。加害生徒と保護者から謝罪を受けたことで警察への相談は打ち切ったが、翔馬さんの不信感は拭えなかった。

同じ教室にいれば、嫌でも相手の姿が目に入る。被害に遭った学校内のトイレも使いにくい。自分の知らないところでクラスの噂になっていたり、別の誰かから別の方法でいじめられたらどうしようかと思うと、そう簡単に気持ちを切り替えられなかった。

「もう学校に行きたくない」と考えた翔馬さんだが、当時中学三年生で高校受験を控えていた。不登校になれば調査書（内申書）に響く、志望する高校に入れなかったらどうしようかと思い悩んだ。

子どもが不登校を考えたら

翔馬さんと両親から相談された私は、今回も「知る」と「利用する」をアドバイスした。実は不登校を「出席扱い」にして、調査書に影響させない方法があるのだ。

文部科学省では二〇一九年一〇月、全国の教育委員会に対して『不登校児童生徒への支援の在り方について』という通知を行っている。たとえば「児童生徒の立場に立った柔軟な学級替えや転校等の対応」という項目では、〈いじめが原因で不登校となっている場合等には、（中略）緊急避難としての欠席が弾力的に認められてもよく、そのような場合には、その後の学習に支障がないよう配慮が求められること。そのほか、いじめられた児童生徒又はその保護者が希望する場合には、柔軟に学級替えや転校の措置を活用することが考えられること。〉と記載されている。

「緊急避難としての欠席が弾力的に認められる」、「柔軟に学級替えや転校の措置を活用する」など具体的な支援方法が示されているため、いじめが原因の欠席やクラス替えの要望は正当なものとして学校側に主張できる。

ただし、小中学校の義務教育期間にある児童生徒の不登校を「出席扱い」にするには、いくつかの要件が設けられている。詳細は文部科学省の『義務教育段階の不登校児童生徒が学校外の公的機関や民間施設において相談・指導を受けている場合の指導要録上の出欠の取扱いについて』という文書にあるが、お役所文書でわかりにくいため、ここでは概要として紹介する。

一　保護者と学校との間に十分な連携・協力関係が保たれている。

二　学校外の施設は教育委員会などが設置する教育支援センター（適応指導教室）等の公的機関のほか、フリースクールなど民間の相談・指導施設も可とする。ただし、民間の施設の相談・指導が適切であるかは校長や教育委員会が判断する。

三　当該施設に通所、または入所して相談・指導を受けることを前提とする。

四　学校外での学習内容が学校の教育課程に照らし適切と判断された場合には、学習の評価を適切に行い、指導要録に記入したり、通知表などで児童生徒、保護者や施設に伝えたりする。

五　自宅において教育委員会、学校、学校外の公的機関や民間事業者が提供するＩＣＴ等を活用した学習活動（インターネットを利用したオンライン学習など）を行った場合、校長は指導要録上出席扱いとすることや、その成果を評価に反映することができる。

翔馬さんが不登校を考えたのは、文部科学省の「通知」の前だった。それでも、いじめが原因であることや、最初に地元の教育委員会が設置する相談窓口を利用したこともあり、校長による判断で学校外の施設を利用することが認められた。翔馬さんは公的機関である教育支援センターへの通所を選択し、通所日数はそのまま学校の出席日数として扱われた。

学校の授業内容とほぼ同じ指導を受け、無事に中学校を卒業した翔馬さんは、自宅から離れた私立高校に進学した。地元の中学生はほとんど進学しない高校で気持ちをあらたにし、勉強や部活動に励みながら友達にも恵まれた。

子どもの悩みや苦しみに向き合う

由梨さんも翔馬さんも、自分はどうしたいのかを何度となく考えてここに至った。といって、自分だけで考えられるものでもない。親が情報を集めたり、相談機関を利用したり、経験や思いを伝えたりして支えになったからこそだ。

彼らから相談を受けてきた私は、本当のところさまざまな対応策を知っていた。それでも「こうすればいい」と直接的な回答を示さなかったのには、大きく二つの理由がある。

ひとつは、押しつけになる可能性があること。たとえば由梨さんや翔馬さんの両親に「○○や○○の相談窓口があります」、「警察の生活安全課に行くことをお勧めします」などと伝えれば、どうしたってその方法を選びたくなるだろう。

だがそれが、子ども自身にとって本当に望む形なのかはわからない。それぞれの子どもによって気持ちや考え方は違うため、みずから情報を集めたり、検討したりすることが必要なのだ。

もうひとつは、親が率先して動く、子どものために努力するという姿勢を見せることの大切さだ。さまざまな相談窓口を探し、仕事を休んででも出向き、学校への要望書を作るために何度も子どもと話し合う。自分の人生経験を語ったり、子どもの苦しさに共感したりして、ともに悩み励まし合う。加害者側との交渉がうまくいかなくてもあきらめず、また次の方法を探していく。そういう親の在り方が本当の意味で子どもの力になることを、私はこれまでの取材経験でさまざまに実感してきた。だからこそ親子で「知る」努力を、「利用する」勇気を、そして「子ども自身に考えさせる」というプロセスを踏んでほしいのだ。

　翔馬さんのケースで紹介したように、性欲を満たす目的で子どもの裸など性的画像を所持することは児童ポルノ禁止法に抵触する可能性がある。こうした情報をあらかじめ子どもが知っていれば、ＳＮＳで知り合った相手が裸の写真を要求することは犯罪だと気づける。

　逆に自分の行為が犯罪かもしれないと気づくためにも、具体的な情報を知り、当事者意識をもって考えさせることが重要だ。たとえば女子高校生が出会い系サイトに〈一七歳です。私と三万円でＨしたい人を募集中。オプションで使用済み下着もプレゼントしちゃいます〉と書き込んだ場合、出会い系サイト規制法違反（禁止誘引行為）の可能性がある。スーパーで販売されている商品の袋を破って棚に戻すという行為をつづけ、その様子を撮影して動画投稿すれば刑法の業務妨害罪に問われかねない。

　手元のスマホを介して自分が被害者に、あるいは加害者になるという当事者意識を持ち、子どもが主体的に考えるための教育、それこそが今、切実に求められる。一方で親たちにも、子どもの問題の背景を知り、彼らの心に寄り添う関係づくりを求めたい。

深夜までオンラインゲームをつづけるのは楽しいから、何時間もＳＮＳをやめられないのは本人の責任、そんなふうに決めつけて叱ったり脅したりしても、おそらく真の問題解決にはならない。依存の裏に現実逃避が、熱中の陰に自己嫌悪が潜んでいたりして、追い詰められるほどなお抜け出せなくなってしまうことがあるからだ。

目の前の問題は今日はじまったわけではなく、これまで子どもが抱いてきた悩みや苦しみの到達点かもしれない。本人の責任だけでなく、スマホやネットの世界にある巧妙な誘導が関わっているかもしれない。そんな発想で子どもと向き合うとき、親はあらたな展開に踏み出せると思う。

第6章　子どもと親の不安の克服

——親子の関係性を再構築する

自己嫌悪を覚える子どもたち

深夜までオンラインゲームに没頭する、食事中でもSNSをやめない、子どもにそんな問題があったとき、親は「とにかくゲームをやめさせたい」、「スマホを取り上げればSNSもできないだろう」などと考えがちだ。実際に問題が生じているわけだから、そう思っても無理ないが、子どもの問題行動を「やめさせる」という姿勢で本当の解決になるのだろうか。

たとえば第1章で紹介した事例では、フォートナイトに没頭する中学二年生の息子に対し、母親がスマホを隠したり、厳しい口調で叱ったりした。ところが息子が激しく反発、母親はゲーム依存を疑って専門病院を受診させようとする。診察予約が取れずに、今度は親子の話し合いを試みたが、いくらゲームをやめるよう説得しても通じない。隠れてやる、勝手な理屈をこねる息子にあきらめが募るという状況だ。

親の怒りや不安はもっともだが、一方で親から責められる子どものほうも同じかもしれない。自分の悩みをわかってくれない親への怒り、この状況から抜け出せるのかという不安、そういう子どもの気持ちを想像すると、また別のアプローチがあるように思う。

私はこれまで、オンラインゲームに依存した経験を持つ子どもを何人も取材してきた。彼らのほとんどは親から「バカだ」、「クズだ」と罵られたり、「人生終わるよ」と脅されたり、「情けない」と失望されていた。親の立場ではそう言いたくもなるだろうが、彼らにすると「そんなことは自分が一番よくわかってる」という話なのだ。

今になって親に失望されなくても、彼ら自身がずっと前から自己嫌悪を覚えていた。成績が悪い、勉強についていけない、クラスで浮いている、性格が暗い、要領が悪い、外見にコンプレックスがある、そんな自分に人知れず苦しんできた。ところがオンラインゲームをはじめると、たちまちランキングが上がったりする。ゲーム仲間から頼られたり、羨望を集めたりして、ようやく自分の居場所を見つけたように安心できる。

ゲーム依存に陥った子どもたちは、しばしば「ゲームをやめられないんじゃない。仲間とのつながりから離れられないんだ」、「自分が認められる場所はここしかない」、「ゲームをやめても、ほかに何をやればいいのかわからない」などと言う。ゲームをやめることは居場所をなくすことであり、コンプレックスと自己嫌悪の世界に舞い戻ることだ。だからこそ激しく反発したり、隠れてでもやったりして、いっそうしがみつきたくなる。

親の「やめさせる」は、子どもにとって「奪われる」ことにほかならない。ようやく手にした評価や自信、仲間とのつながりを奪われることに怒りが湧く。ゲームの代わりになるような居場所もないのに、これからどうすればいいんだと不安が高まる。

親からすれば「たかがゲーム」に熱中し、勉強や学校生活という現実に向き合おうとしない子どもが悪いと思えるが、子どものほうでは現実のつらさを理解せず、「大切なゲーム」まで奪おうとする親が許せない。これでは平行線のまま、親子関係も子どものゲーム依存も行き詰まるばかりだろう。

「知らない誰か」に救いを求める

オンラインゲームやＳＮＳへの熱中の裏に、両親の不和や不在、過保護や過干渉といった家庭環境の問題が潜んでいることもある。父親と母親が毎日のようにいがみあっていれば、子どものほうも不安や緊張を強いられる。何かにつけて指示されたり、過度な期待をかけられたりすれば、無理をしてでも「いい子」を演じざるを得ない。

兄弟姉妹との関係性が影響する場合もある。優秀な兄に引け目を感じている、妹ばかりかわいがられている、いつも比較されている、同じようにがんばれと言われる、そんな葛藤を抱えて、家族の中にいても寂しく不安なのだ。

こんなふうに複雑な家庭環境にいる子どもには、ゲーム仲間やＳＮＳでつながる相手が「救い」になりやすい。家でも学校でも吐き出せない悩みを打ち明けたり、イヤなことを忘れさせてくれたりして、かけがえのない存在だと感じたりする。

ＳＮＳ上のどこの誰ともわからない相手を「心友」や「信友」、「神友」だと話す子どももいる。いずれも「しんゆう」と読むのだが、心を許せる、信じるに値する、あるいは神様のように助けてくれる、そんな友達を指して使われる言葉だ。

それにしてもなぜまったくの他人に心を許すのか、おとなにすれば理解に苦しむことだろう。だが、当の子どもたちに言わせると、「どこの誰ともわからない相手」、「自分のことを何も知らない人」だからこそ悩みを打ち明けられるという。

特に家庭環境や家族関係の問題はそうだ。同じクラスの友達、部活動の仲間といった身近な相手に「父親が暴力をふるう」、「母親が不倫している」、「ウチの家族は崩壊するかも」、そんな悩みはそうそう話せるものではない。自分の家だけが違って恥ずかしいとか、かわいそうと同情されたくないとか、周囲から浮くことを気にして悩みを隠そうとする子どもは少なくない。

問題が深刻であるほど身近な関係性には頼れない、だからＳＮＳでつながる相手、特にどこの誰ともわからない相手のほうが好都合だ。「親が嫌い」、「親の暴力」、「家出したい」、そんなキーワードで検索すれば同じような悩みを抱える人のSNS投稿が何千、何万とヒットする。まずはその数だけでも救いになるし、「同類」の中からより自分と通じ合い、わかりあえる相手を見つければいい。

そもそもツイッターなど一部のSNSでは、「本垢（本アカ）」や「裏垢（裏アカ）」、「闇垢（闇アカ）」など複数のアカウントが使い分けられている。本アカとはクラスの友達や身近な人間関係に公開している、いわば公式のアカウント。一方の裏アカ、闇アカは友達や家族には知らせない秘密のアカウントで、愚痴や悪口、赤裸々な悩みを吐き出したりする。

情報セキュリティ企業のデジタルアーツが実施した調査（『第一一回未成年者の携帯電話・スマートフォン利用実態調査』・二〇一八年）によると、裏アカの所有率は子ども（一〇歳〜一八歳）全体の三九・六％、女子高校生では六八・九％に上る。裏アカを持つ理由として「誰にも知られたくない感情が言える」が三五・九％、「ストレス発散に言いたいことが言える」が二六・九％と、まさに身近な関係性から離れたほうが救いになりやすいことがわかる。

そうしてつながった誰かに悩みを打ち明け、互いに助け合ううち、心を許せる「心友」だと感じるのは自然な流れだろう。親から見れば、どうして知らない相手と仲良くするのか、裏アカなんか持って怖い、まともに口もきかずSNSばかりやっているなどと不可解に思える行動も、子どもにとってはそれなりの事情がある。「知らない誰か」に救いを求める子どもを一方的に責めるだけでなく、夫婦関係や家庭内の問題、これまでの子育ての在り方を振り返ってみる、そんな親の姿勢も必要ではないだろうか。

友達との関係性のリスクや不安

コンプレックスや自己嫌悪、家族や家庭環境の問題と並んで子どもを追い詰めやすいのが友達との関係性だ。ネットやスマホが普及して変わったことはさまざまあるが、特に子どもを取り巻くつながりの変化は大きい。

かつての子ども社会のつながりと言えば、近所の子ども同士か学校の同級生、塾やスポーツクラブの仲間程度、いわゆる「友達」にカウントするのは数人から数十人くらいの規模だった。ところがオンラインゲームやSNSを利用すれば、これまでとは比べ物にならないほど広く自由なつながりを得られる。クラスの中で友達ができなければSNSで探せばいい。既存のグループに馴染めなくても、オンラインゲームなら楽しく刺激的な仲間がいくらでもいる。こんなふうに子ども同士が関わる自由度と選択肢は飛躍的に広がった。

一方、それこそが友達との関係性をむずかしくしてしまう。「誰とでも友達になれる」、「自分に合う友達を選べる」のは自分に限らずみんなも同じ、つまり相手も広く自由なつながりを手にしている。自分が友達になりたくても相手から選ばれるかはわからないし、一旦は友達になってもいつなんどき拒否されるかもわからない。

友達としての関係性に自信があればともかく、たいていの場合、はっきりとした確信は持てない。表面上「友達だよね」と言いあっている子ども同士がＬＩＮＥの中では別々のグループを作って悪口を書き込んでいたり、数時間前までボイスチャットで盛り上がっていた仲間が些細な言葉をきっかけに絶交したりするからだ。

自由に得られる関係性が、別の面ではもろく壊れやすい。いつでも誰とでも友達になれることと引き換えに、誰からも選んでもらえないリスクや不安も抱える。それを痛感しているからこそ、絶えず自分や友達のＳＮＳをチェックしたり、何時間もオンラインゲームをつづけたりして、つながりの状態を確認せざるを得ないのだ。

SNSでの評価や承認がほしくなる

もうひとつ子どもにとって苦しいのは、自分の友達関係が可視化されることだろう。ツイッターやインスタグラムではフォロワーの数が表示され、誰がどれくらいの友達を持っているか一目瞭然だ。

オンラインゲームやSNSでは「誰とでも友達になれる」のだが、にもかかわらず友達の数が少なかったらどうだろう。友達を作れない人、友達として選んでもらえない人、みんなに嫌われている人、そんなふうにネガティブなイメージで見られる可能性がある。たとえ周囲がそう見なくても、自分自身が「友達の数が少なくて恥ずかしい」、「暗いヤツと思われるんじゃないか」と不安を抱えがちだ。

さらにSNSでは、友達の生活状況がこと細かに見えてしまう。何を食べた、どこに出かけた、誰と遊んだと楽しげな様子が披露され、試合に勝った、志望校に合格した、交際相手ができたなどと、リア充《じゅう》（実生活が充実している）の日々を送っていることが伝わってくる。

実際にはそういう子どもでも「裏アカ」で悩みを吐き出したりしているのだが、少なくとも友達に公開している「本アカ」では、いかに楽しく充実しているかという自己アピールが欠かせない。なぜならネガティブな内容では「いいね！」（共感や同意の意思表示）が集まらず、要は自分に対する評価や承認が得られないからだ。「今日はおいしいフルーツパフェを食べたよ」という投稿なら返信コメントが得られやすいが、「最近食欲がなくて病んでます」では周囲も反応しにくい。おまけにネガティブな内容が、そのまま「暗い」とか「キモイ」といった人物評価につながったりする。

　誰もが自分に合う友達を選べるという選択肢を持っている以上、暗い自分ではみんなから見捨てられるかもしれない。そう考えれば否応なく楽し気なアピールをつづけて、友達が離れていかないように、あるいはもっと多くの友達を得られるようにとがんばるしかない。

　むろん、こうした友達関係に疲れてしまう子どももいる。だからこそ「裏アカ」や「闇アカ」で赤裸々な悩みを打ち明けたくなるのだが、本音をさらして終わりではなく、そこからまた評価や承認がほしくなる。たとえば「友達がいなくてつらい」という本音なら、「自分も同じ」、「ぼっち（ひとりぼっち）同士で友達になろうか」と、誰かに認めてもらいたくなるのだ。

　ツイッターには一〇代、二〇代の若者を中心に「承認欲求」や「自己肯定感」について悩みを訴える投稿が数多くある。「友達になって」、「認めてほしい」、「必要とされたい」、そんな投稿に「いいね！」が得られることで、自分はこれでいいんだとようやく安心できる。こうして誰かとのつながりを持ちつづけることが自分の存在価値を証明するとなれば、オンラインゲームもＳＮＳもますますやめられないものとなってしまう。

不安なのは親も子どもも同じ

本章の冒頭で子どもの問題行動を「やめさせる」という姿勢で本当の解決になるのかと述べたのは、問題の裏に子どもなりの生きづらさがあるからだ。オンラインゲームで遊ぶな、ＳＮＳをやめろと説得し、さらにはスマホを取り上げれば一件落着と考えたくもなるだろうが、問題の本質はそこではない。現実生活でのコンプレックスや自己嫌悪、親や兄弟姉妹への葛藤、友達との関係性などさまざまな悩みがあり、そういう自分への救いや承認を求めた結果が問題として表れている。

特に友達との関係性は大きい。みんながやっているのに自分だけやらないわけにはいかないとか、仲間から誘われたら断れないとか、多くの子どもが周囲に合わせることを「正しい」と思い込む。なぜそれほどの同調意識があるのかと言えば、そういうふうに育てられてきたからだ。友達をたくさん作りなさい、仲良くしなさい、みんなと同じようにやりなさい、そう親から言われつづけてきた。社会も同様で「絆」や「和」を重んじ、周囲との協調性や同一性を求めてくる。

第１章で述べたＳＮＳの不謹慎狩りや過剰な正義感は、結局のところそうした同調意識の反映に過ぎない。個々の思考や状況よりもみんなが求める空気を読むことが第一で、いわば運命共同体のような圧力をかけてくるのは、それが「正しい」と信じられているからだろう。

ひっきりなしにスマホを使い、オンラインゲームやＳＮＳで仲間と盛り上がる。たくさんの人とつながりながらリア充ぶりをアピールする子どもたちは、本当のところそんな自分が不安なのだと思う。

一旦はコンプレックスから逃れられ、本当の自分をわかってくれる人に救われても、せっかくつながった相手からいつ選ばれなくなるかわからないという恐れがつきまとう。ゲームやＳＮＳのほかに居場所のない自分に自信を見出せず、といってほかに何ができるのか、これからどうすればいいのかと、やはり不安が募ってしまう。

ならばそういう子どもにどう向き合えばいいのかと親のほうまで不安になるかもしれな

いが、実はそういう感情こそがあらたな関係づくりのきっかけとなる。オンラインゲームやSNSをやめなさいと子どもに求めるとき、親はどんな気持ちでいるのか。あるいは親から責められ、失望されるときの子どもの気持ちはどうなのか。そんなふうに互いの気持ちについて考えることからあらたな展望が開けていく。

親に「気持ち」を聞いてほしい

親は子どもと会話するとき、つい事象を取り上げる。たとえば「数学のテストは何点だった？」と尋ね、子どもが「七〇点だよ」と答えると、「じゃあ次は八〇点目指してがんばりなさい」、そんなふうに点数という目に見える事柄に対して評価する。「宿題をやったの？」、「ご飯を食べたの？」、「明日の学校は何時に終わるの？」、「友達とどこへ遊びに行くの？」、「なんでお母さんの言うことが聞けないの？」といった日常会話も同様で、実のところ会話というより事象の確認作業と、それに対する評価を伝えて終わりがちだ。

むろん確認や評価はあってもいいのだが、それだけでは子どもの気持ち、あるいは子どもなりの事情がわからない。それこそ数学のテストで七〇点だったとき、その結果がうれしいのか、悲しいのか、くやしいのか、ホッとしたのか、子どもなりの気持ちがあるだろう。

これまで取材した子どもたちから数多く聞かされたのが、「親は理由ばっかり」という言葉だ。「なぜ勉強しないの？」、「どうして真面目にやらないの？」、「何時間もスマホを使う理由は？」というように、親からは問題の理由や原因を尋ねられる。一方の彼らは「そう聞かれても困る」とか、「うまく返せなくて、もっと怒られる」などと戸惑いを見せるのだ。

たとえば親から「ゲームで遊ぶ時間があったら勉強できるでしょ。どうしてやらないの？」と聞かれても、なぜ勉強よりゲームを優先させてしまうのか、具体的に説明できない。「勉強よりゲームのほうがおもしろい」、「なんとなくゲームが好きだから」などと答えようものなら、「だからアンタはダメなのよ！」と重ねて叱責される。さらに「どうしてダメなのか、自分でちゃんとわかってるの？」とあらたな説明を求められ、ますます困ってしまう。

そんな子どもたちの声に接するうち、ある中学生が「気持ちを聞いてくれればいいのに」とぽつりと言った。自分がダメなのはなぜなのか理由の説明はできないが、ダメな自分に対して感じていることなら言いやすい。たとえば何時間もSNSをつづけているときの「気持ち」なら、「楽しいときもあるけど、結構つらい」とか、「ほんとはちょっとむなしいなって感じてる」とか、そういう言葉なら話せるし、実のところその気持ちこそ親にわかってほしいという。

　これには私もハッとした。言われてみれば確かにそうで、彼らが「自分の気持ちをわかってくれない親への怒り」を持つのはそもそも気持ちを聞かれる機会がないからだ。逆に親の気持ちを聞く機会もないから、ただ一方的に責められ、罵られているようで素直に耳を傾けられない。

「気持ちを聞いてくれればいいのに」という声に接して以降、私は取材で会う子どもたちに必ず気持ちを尋ねるようにした。オンラインゲームに依存している子どもには、「何時間もゲームをやめられないときって、どんな気持ちなの？」、ＳＮＳでつながったどこの誰ともわからない相手を「心友」だと話す子どもには、「どういう気持ちがあって、知らない人と仲良くなったの？」と聞いてみる。

　するとほとんどの子どもは自分の気持ちについて語ってくれる。「やめようと思ってもやめられなくてマジ焦る。自分でもヤバイなってかなり不安」とか、「リアルで友達できなくて寂しかったからＳＮＳで探したけど、なんかモヤモヤする」とか、彼らなりの感情が吐き出されるのだ。

スマホの問題解決には「気持ちの交流」が効果的

そうして気持ちの一部でもつかめれば、それを糸口にしてあらたなコミュニケーションができる。オンラインゲームをやめられず「マジ焦る」という子どもには、「なるほど、焦りとか不安があるんだね。そういう気持ちを正直に話してもらえてうれしいな」と、今度は私の気持ちを返してみる。

「うれしいな」と言われた子どもは目を丸くして、「ええー？　うれしいとか言われたの、はじめてだよ」と驚くが、その顔にはいかにもホッとしたような表情が広がっていく。その上で、「焦ったり、不安になったりするってことは、ゲームもそこまで楽しくないのかな？」とか、「もし楽しめなくなっているのなら、そこのところをもう少し詳しく聞かせてもらえる？」とか、次のコミュニケーションにつなげていく。そうしてある子はすらすらと、別の子は慎重に、また別の子はじっくりと考えながら、それぞれの子どもなりに事情や理由を打ち明けてくれるのだ。

私と子どもたちとの関係性に限らず、親子の間でも同じことができるだろう。数学のテストが七〇点ならば、その結果をいい悪いと評価するだけでなく、七〇点を取ってうれしいのか、くやしいのか、ホッとしたのか、子どもの気持ちを尋ねてみてはどうだろう。

　仮に子どもが「結構勉強したんだけど、七〇点だったからくやしいな」と話したら、「なるほど、それはくやしいかもね」と受け止める。次に「でも、結構勉強したってことは、お母さんはうれしいよ」と親の気持ちを伝えてみる。こうすることで七〇点という事象の裏側に、くやしいという子どもの気持ち、それでもうれしいという親の気持ちがあるのだと互いにわかりあえる。

　特に子どものネットやスマホ利用の問題を解決するには「気持ちの交流」が効果的だ。なにしろ親のほうはTikTokだのボイスＳＮＳだのと言われても、その実態をほとんど知らない。わからないから話ができないと思いがちだし、実際に話が通じなかったり、つい親子で口論になったりする。そんなとき、親はどんな気持ちになるだろうか。子どものやっていることがわからなくて怖い、話ができなくて不安、すぐにケンカになって悲しい、おそらくそうした気持ちを持つはずだ。

　取材する親たちからしばしば聞くのが、「子どものスマホ利用を注意したら、暴言を吐かれた」という悩みだ。「うっせぇーよ、ババア、死ね」、「てめぇは黙ってろ」、「ったく、うぜえんだよ」、そんなふうにひどい言葉を浴びせられたと訴える。

「それでどうしたんですか」と尋ねると、「私も頭に来たので思いっきりキレました」とか、「親子で罵り合いになって、もう少しで暴力沙汰でした」とか、怒りと失望の混じった言葉が返ってくる。我が子に「死ね」と言われてキレたくなるのも無理ないが、いくら罵り合ったところで問題は解決しない。それよりも「死ね」と言われたときの親の気持ち、悲しい、つらい、腹が立つ、驚いた、情けない、そういう感情の言葉を伝えてみてはどうだろう。子どもに気持ちや事情があるように、当然ながら親にもある。それを素直に吐露《とろ》してみると、これまでとは違ったコミュニケーションができるようになる。

「死ね」と言われたら、「そう言われるとは思わなかった。お母さんは悲しいよ」と返してみる。あるいは「母親に向かって『死ね』と言うとき、どんな気持ちになるの？」と子どもに尋ねてみてもいい。オンラインゲームやSNSに熱中する子どもに「どうしてやめられないの？」と説明を求めるよりも、「やめられない様子を見ていると不安になる」、「最近は口もきいてくれないから寂しい」、「もしも困っていることがあるなら、ちょっとでも話してもらえるとうれしい」、そんなふうに親の気持ちを伝えると、おそらく一方的に責めたり、互いに罵り合ったりするようなことにはならない。

多くの親が「子どもの気持ちを知りたい」、「子どもが何を考えてるのかわからない」などと言うのだが、そもそも子どもの気持ち以前に親としての「自分の気持ち」を忘れてはいないか。ひっきりなしにスマホを使う、注意しても通じない、いつも不機嫌、やたらと反抗的、そんな子どもに対する自分の寂しさや悲しさに気づいてみると、オンラインゲームやＳＮＳを「やめさせたい」のは自分が不安だからだ、そう別の視点が現れる。子どもに向けて「バカだ」、「人生終わるよ」と責めるだけでなく、「お母さんは悲しくなる」、「お父さんにできることがあるなら教えてもらえるとうれしい」と素直に伝えることで、次につながる関係性が生まれていくように思う。

親は自分の問題に置き換えてみる

一方、現実の親子関係ではそうそうスムーズにいかないこともあるだろう。私も取材の中で「話がつづかない」経験をすることがある。それこそ気持ちを尋ねても、「別に……」とか「まぁ……」とか、曖昧な言葉しか返してもらえず、行き詰まってしまうのだ。

たとえばオンラインゲームに依存して昼夜逆転に陥ったり、ＳＮＳでつながった相手と性的なやりとりをしていたりする子どもに「今の状況についてどんな気持ち？」と尋ねても、「別に……、なんとかなるんじゃない？」、「さぁ？　よくわかんない」、「うーん、どうだろ？」といかにも冷めた反応だ。「なんとかなると思うんだね。じゃあ特に焦りとかはないのかな？」とつづけても「まぁ……」とスルーされるし、「よくわからないか。少しくらいは何か考えられない？」と尋ねると「無理」とあっさり拒絶されたりする。

　そんなときは別の角度から話を振る。「私ならこんな気持ちになりそう」と自分に置き換えた言葉を伝えるのだ。

「昼夜逆転してゲームしてると、学校に行けなくなるよね。もし私だったら、みんなが学校に行ってるのに自分だけ寝てるのはヤバイかなってビビりそう。あと、私って根がひねくれてるから、まともに学校に行けてる子に嫉妬しそう」

「私がＳＮＳで男の人から誘われたら、自分は特別だ、みたいに浮かれまくりそう。そういう経験がないクラスの女子とかに対して、『ざまぁみろ』って思うんじゃないかな」

「嫉妬」や「ざまぁみろ」などという言葉、私が表した汚い感情に、子どもたちはまず驚く。次に「そういうこと言う人、はじめて会った」とか、「ほんと、俺もそうなんだよ」とか、先ほどとは打って変わって素直に反応してくれる。

「別に……」、「無理」と頑《かたく》なな子どもたちも、決して何の気持ちもないわけではない。ただその気持ちが恨みや憎しみ、嫉妬や孤独などとネガティブなものだったとき、それを隠したい、表に出してはいけないと思っているだけだ。

そもそも親は、子どものネガティブな気持ちを避けようとする。「これがイヤ」、「あれが嫌い」、「絶対無理」、「何もやりたくない」、そんなふうに言われると、つい「がんばればできる」と正論を持ち出してポジティブな反応を求めたくなる。これでは子どもが本音を打ち明けられないのは当然だし、話したところでわかってもらえないと身構えるのも無理はない。

本当はつい正論を振りかざす親のほうも、誰かに対する恨みや嫉妬、孤独感や自己嫌悪を持っている。そういう自分に置き換えれば、一方的な叱責や偉そうな説教ではなく、もっと子どもの気持ちに寄り添った言葉が見つかるのではないだろうか。

もしも自分がオンラインゲームに依存して仕事ができなくなっていたら、もしも自分がＳＮＳで知り合った相手と性的なやりとりをしていたら、そのとき自分はその状況を理路整然と説明できるのか。周囲の叱責に素直に耳を傾けて、「正しい自分」を取り戻そうと思えるのか。あるいはその反対に、現実の生活が面倒くさくなってしまったり、どうすればいいのかと考えるうちに時間だけが過ぎてしまったり、妙に浮かれてイケイケになってしまったりするだろうか。そんなふうに親が自分に置き換えて考えるとき、本当の意味で子どものスマホ利用の問題が見えてくる。

過去の自分を振り返り、子どもに共感する

子どもの状況を自分に置き換えるだけでなく、そもそも親自身の過去を振り返るのもいい。小学生、中学生、高校生と、親は子どもより先んじてさまざまな経験を持っている。友達との関係性に悩んだり、いじめられたり、勉強が嫌いだったり、家庭の問題を抱えていたり、実のところ親のほうも悩み苦しんできた過去を持つはずだ。

隠れてアダルト雑誌を読む、こっそりお酒を飲む、学校の裏でタバコを吸う、他校の生徒とケンカをする、男の子とキスする、そんな自分になぜか高揚して、もっと背伸びをしたいなどと感じたこともあるだろう。

過去の自分を振り返り、そのときどんな気持ちだったのかを思い起こしてみると、目の前の子どもに共感しやすくなる。自分にも失敗や間違い、逸脱、後悔といった経験があるならば、今、子どもがそうであっても過去の自分と同じだと受け入れやすくなる。その上で、かつての自分はその状況をどう克服したのか、何があって乗り越えられたのかを子どもに伝えてほしいのだ。

たとえば「死にたかった経験」を持つ親なら、当時の自分について子どもに語ってみる。「中学生のときに死のうと思って、あれこれ死ぬ方法を調べた」、「遺書を書こうと思ったけど、うまく書けなかった」などと話して、「でも結局、死ななかった。なんで死ななかったのかというとね……」と、そのときどうやって気持ちを切り替えたのか、あるいは何があって生きることを選んだのか、過去のいきさつを話してみる。

それはつまり、なにかしら克服する方法がある、今はつらくても必ずなんとかなる、そう子どもに伝えることと同じだ。克服する方法があるとするならば、「一緒に考えさせてほしい」、「おまえの力になりたいと思っている」と、親としての自分の気持ちを重ねていけばいい。

「自分と同じような悩みを持つ人」や「つらい気持ちをわかってくれる人」は目の前にいる、しかもその人は自分の親だと気づくことは、子どもにとって非常に大きい。ＳＮＳでつながったどこの誰とも知らない人にネガティブな気持ちを打ち明けなくても、今リアルでつながっている一番身近な人が同じ経験をしてきた、そう知ることが本当の意味で救いになる。

それはまた、親にとっても救いになる。かつての自分の経験をもとに子どもと話し合えるし、その経験が子どもを勇気づけるものになり得るし、互いに共感し、協力しながらこれからのことを考えられるからだ。

オンラインゲームやSNSの問題に詳しくなくても、子どもが何をしているのかわからず不安でも、友達との関係性に悩んだり、勉強が嫌いだったり、危うい生き方のほうがなぜか楽しかったり、そういうことならよくわかる。よくよく考えれば自分も同じだったというならば、今、我が子はこんな気持ちではないだろうかとあらたな視点を得られるはずだ。

スマホ内の出来事をリアルに置き換える

自分に置き換える、過去を振り返ることと併せて親に求めたいのは、「リアルに置き換える」という視点だ。親は子どもの何十倍もの実体験を持ち、仕事に家事に子育てと現実世界で格闘してきた。リアルの経験値こそ親の「強み」であり、それを生かして子どもと話し合うことで、さまざまな問題に対応できる。

第1章で四六歳の男が大学生モデルになりすまし、約一六〇〇人の小中高生とLINEの「友だち」になったという事件を紹介した。男はLINEのグループに「招待」してもらい、次にグループ内の少女たちと個別にやりとりをする。最終的に約一三〇人の少女に裸の写真を送信させたわけだが、ではSNSでの友達登録や招待という危険性をリアルに置き換えるとどうなるか。

たとえばLINEのグループトークを、「子ども部屋でグループの友達と一緒にしゃべる」という実生活上の様子に置き換える。誰にも邪魔されずワイワイ盛り上がるのは楽しいし、自分の部屋でみんなと過ごすのは安心だろう。

そのうちひとりのメンバーが、「別の子を呼んでもいい?」と言い出す。「私の友達だから、みんなも仲良くしてね」と言われれば「いいよ」となるし、あらたに参加したメンバーを交えてまたおしゃべりがつづいていく。これがLINEで言うところのグループへの招待で、おそらくほとんどの子どもは抵抗感を持ちにくい。

ではその先、新しいメンバーと「友だち」になって個別にやりとりすることをリアルに置き換えるとどうなるか。子ども部屋に集まっていた友達はみんな帰ってしまい、自分と新しいメンバーの二人だけ。いくら「友達の友達」だとしても、初対面の相手と一緒に過ごしたいのか、その状況が大丈夫なのか、子どもに考えさせてみる。

「みんながいるときに新しいメンバーが入ってきても、まぁいいかなって思っちゃうよね。

でも、みんなが帰ってしまって、自分だけが相手の人と部屋にいるってどう思う？　なんかそれはヤダとか、ちょっと怖いかもって考えない？」、そんなふうにリアルの生活に置き換えることで、具体的な危険性が伝わりやすくなる。

オンラインゲームであれば、リアルのゲームセンターに置き換えてみてはどうだろうか。さまざまなゲーム機が並ぶ店内で、今はこのゲーム、次はあのゲームとコインを投入しながら遊びつづける。ふと気づいたら深夜になり、店の外の通りには誰も歩いていない。静まり返った街で、自分だけがゲームセンターにとどまっている姿を想像させ、「疲れない？」とか、「そこまでがんばっちゃう自分ってどうよ？」とか、子どもに問いかけてみる。

現実の空間、実際の体感、そういうものに置き換えると違った景色が見えてくる。その現実を長く生きてきた親ならば、おそらく子どもに伝えられる言葉、考えるためのヒントはいくつも探せるはずだろう。

SNSへの自撮り投稿をショッピングモールで多数の人に写真を配ることに例えれば、「どこの誰とも知らない人に自分の顔写真を渡すことをどう思うか？」と尋ねられる。動画視聴をつづけることをバイキングレストランでの食事に置き換えれば、「たくさんの料理を次々に食べられるのは楽しいけれど、お腹がいっぱいになっても無理に食べたりする。動画も同じで、本当はそこまで楽しめていないんじゃない？」などと、実生活の経験から考えさせることができるだろう。

こんなふうに親には、子どもと話し合えたり、子どもに考えさせたりする力があるはずだ。失敗や過ちを重ねてもどこかに乗り越える方法がある、後悔を持ちながらもなんとか前を向いて生きられる、そういう親自身のリアルな体験から子どもに伝えられることはたくさんある。

無理にネットやスマホの世界に行かなくていい。逆にネットやスマホの世界に浸っている子どもを現実の世界に連れてくればいい。悩みや迷いを抱えながらもその現実を懸命に生きてきた親ならば、うれしい、悲しい、くやしいとさまざまな気持ちを表せる。

自分だったらどんな気持ちになるかと子どもの状況を自身に置き換えたり、過去の自分はどうだったかと振り返ったりすることで、これまでとは違った姿勢、あらたな視点で子どもと向き合える。それが真に子どもを支え、より良い親子関係を作ることにつながるのだと知ってほしい。

第7章　ＡＩ社会を生きる子どもたち——未来をより良くするために

デジタルネイティブの子どもたち

　私は毎朝、目覚まし時計のアラームで起きている。そんなのふつうじゃないかと言われるかもしれないが、取材する子どもたちからは「へぇー」という微妙な空気が返ってくる。「デジタルネイティブ」と称される彼らは、幼いときからパソコンやスマホといったデジタル端末に囲まれてきた。そのせいなのか、ほとんどが目覚まし時計を使っておらず、腕時計すら持っていない。

「朝はどうやって起きてるの？」と尋ねると、「Ｓｉｒｉ（シリ）に起こしてもらってます」と言う。Ｓｉｒｉとはアイフォーンに内蔵された音声認識アシスタント機能のこと。要は利用者の要求を認識し、適切な答えを探してきたり、設定をしてくれたりする。

　たとえば「ヘイ　Ｓｉｒｉ、明日の朝は七時に起きたい」と話しかければ、「七時のアラームをオンにしました」と返答がある。アイフォーンに搭載された時計アプリが自動的に設定され、あとは翌朝七時に鳴るのを待つだけだ。反対に「ヘイ　Ｓｉｒｉ、明日の七時のアラームをやめて」なら、同じく自動で解除される。日本語を英語に翻訳する機能もあり、「この本を読みたい、英語で」と話しかければ、「I want to read this book」というテキスト表示とともに音声で返答がある。「二万八九四〇円を四人で割って」なら、「一人あたり七二三五円です」と割カンの計算もOK。こんなふうに音声だけで事足りるため、子どもたちは指一本動かさず、「Ｓｉｒｉに起こしてもらう、計算してもらう」と最新機能を易々《やすやす》と使いこなす。

　アイフォーンを発売するApple社の公式サイトでは「絶え間ない機械学習により、Ｓｉｒｉはどんどん賢くなっていきます」と説明されている。機械学習とは大量のデータをもとに、そのデータに潜むパターンや特徴を見つけ出し、自動的に判別したり、傾向を予測したりする機能を持たせること。たとえばリンゴとバナナがあったとき、私たち人間は「リンゴは赤くて丸い、バナナは黄色くて細長い」と認識する。これがパターンや特徴に当たるものだ。

　ところがこうした特徴をそのままコンピュータに覚えさせると、「赤くて丸い」のがゴムボールでもリンゴだと誤認したり、逆に「黄色いリンゴ」はリンゴと認識しなかったりする。そのため膨大なリンゴのデータをコンピュータに読み取らせ、さまざまな特徴を学習、判別させることで「リンゴとはどういうものか」を理解させる。

　それこそＳｉｒｉの場合なら、声や話し方、言葉遣いは人によって千差万別でも、「何を要求されているか」を判別し、正しい答えを予測して処理できるよう学習させる。老若男女、命令調や敬語調、橋と箸のイントネーションの違いなど、日々収集される音声データを絶え間なく学習しているから、「どんどん賢くなっていく」というわけだ。

こうして賢い機械が人に代わってくれれば、自分で目覚まし時計のアラームをセットする必要はなくなるし、海外旅行に英会話の本を持っていかなくていいし、暗算で割カンの金額を出さなくて済む。これまでの常識がくつがえされ、機械が人に代わるという現実が着実に広がっていく。

AIで何が変わり、何が変わらないのか

機械が人に代わると聞いて多くの人が思い浮かべるのが人工知能（ＡＩ）だろう。「ＡＩ搭載エアコン」、「ＡＩによる自動運転技術」、「ＡＩが解析するビジネスデータ」、そんな言葉を耳にするのも日常的になった。

ＡＩとはArtificial Intelligence（アーティフィシャル・インテリジェンス）の略。Artificialが「人工的な」、Intelligenceは「知能・思考力」という意味のため「人工知能」と訳されるが、専門家によってさまざまな解釈があり、現時点では統一された定義が存在しな

い。総務省の『平成二八年版情報通信白書』では、人工知能について次のように解説されている。

〈人工知能（ＡＩ）は、大まかには「知的な機械、特に、知的なコンピュータプログラムを作る科学と技術」と説明されているものの、その定義は研究者によって異なっている状況にある。その背景として、まず「そもそも『知性』や『知能』自体の定義がない」ことから、人工的な知能を定義することもまた困難である事情が指摘される。〉

　白書にあるように「知性や知能とは何か？」という定義自体がむずかしいため、人工知能も同様に解釈が分かれるというわけだ。さらに、人工知能には大きく分けて「特化型」と「汎用型」があり、それぞれ特性が違っている。特化型はその名のとおり個別の領域に特化して能力を発揮する人工知能のこと。たとえば「ＡＩによる自動運転技術」なら、人と同じような運転技術を持つことは可能だが、運転以外の分野には対応しない。一方の汎用型は人間のように多分野に対応する、あるいは人間以上の能力を持ち、さまざまな知的作業をこなすことができるとされている。ＳＦ映画に出てくる万能ロボットはこちらに該当するものだ。

　現時点で一般的に「ＡＩ技術」と称されるのは特化型を指し、Ｓｉｒｉのような音声認識や翻訳、顔認証や医療診断などの画像認識、チェスや将棋、囲碁などの推論能力、自動車や産業用ロボット、センサーなどの機械制御といった分野で実用化が進む。とはいえ、ＡＩを人間以上に賢い万能ロボットのように想像する人には「そんな程度か」と感じられるかもしれないし、実際に現状のＡＩの能力では人間とまったく同じことはできない。

たとえばＡＩ搭載のロボット掃除機は自動でゴミを検知して吸引し、家具をよけて自走したりする。一方でゴミとは何かと考えたとき、人にとっては必ずしも床に落ちているものに限らない。日常のゴミの分別だけを考えても、生ゴミや紙ゴミ、不燃ゴミ、リサイクルゴミなどと種類があり、それぞれの捉え方も人によって違ってくる。魚のアラやエビの殻を生ゴミと考える人もいれば、それらを使ってみそ汁のダシをとる人もいるだろう。ロボット掃除機が検知する床の紙ゴミにしても、実は大切に取っておきたかったメモやレシートという場合もある。

こんなふうに人間は、まさに人それぞれの思考や判断、行動があるだけでなく、その基準自体が明確ではない。ゴミというひとつの物体にしても、捨てようか、それとも取っておこうかとそのときどきで悩んだりするわけで、要するに「これが正解」という一定の理論を持たない。

そう考えると、ＡＩが人間と同じ、あるいはそれ以上の能力を持つことは夢物語にも思えてくる。世間で騒がれるわりにはたいしたことないじゃないかと感じるのも無理ないが、これからの社会を生きる子どもたちは決して安閑とはしていられない。

ＬＩＮＥは一〇年で生活を大きく変えた

アイフォーンが日本で発売されたのは二〇〇八年、ＬＩＮＥのサービス開始が二〇一一年、スマホの世帯普及率が従来の携帯電話を上回ったのは二〇一五年度（内閣府『消費動向調査』）だ。つまりスマホやさまざまなアプリにはたかだか一〇年程度の歴史しかないのだが、逆に言えばわずか一〇年で私たちの生活を大きく変えてしまった。

たとえばＬＩＮＥを利用すれば、遠く離れた人といつでも連絡が取れるだけでなく、何時間でも無料で音声通話やビデオ通話ができる。ニュース、ショッピング、ゲーム、音楽、マンガ、写真加工、旅行、チケット予約など多彩なサービスがあり、ＬＩＮＥ Ｐａｙはキャッシュレス支払いに対応する。こんなふうにＬＩＮＥは今やSNSアプリというよりも、さまざまな生活場面に活用できる多機能アプリとなっている。

言い換えればＬＩＮＥが提供するアプリの中に、電話（テレビ電話）、ゲーム機、音楽プレイヤー、マンガ雑誌や新聞といったさまざまな「モノ」が入っている。それらを個別にそろえれば相当な金額になるし、設置や保管場所、購入や管理の時間も必要だ。ところがＬＩＮＥのアプリは無料、おまけにスマホの中に入っているからどこにでも持ち運べる。要するにこれまであった「モノ」だけでなく、それらに伴う手間や時間もいらない。

ひとつのアプリが一〇年でここまでの変化をもたらしたということは、デジタル社会全般の今後の一〇年では、より大きな変革があることは間違いない。また、コロナ禍で普及したオンライン学習やテレワークが、「学校で授業を受ける」、「出社して仕事をする」というこれまでの常識を覆したように、まったく新しい生活様式や行動形態が広がることも十分考えられる。

特にコロナ禍での生活様式の変化は、多くの人が実感したことだろう。自宅にいながら勉強や仕事ができる、外出せずにネットショップやデリバリーを利用する、友達と直接会わずにビデオ通話でおしゃべりする、そんな日常がたった一年で実現した。便利な新生活は別の変化にもつながっていき、既存の社会構造や雇用環境にも少なからず影響を与えている。

会社で仕事をする社員が減れば、オフィスビルの需要も減る。そう聞くと、つい「不動産業者が困る」という印象を持つが、ことはそう単純ではない。ビルの警備や清掃、設備メンテナンス、オフィス用品といった関連会社も利益が減り、オフィス街の飲食店やコンビニ、クリニックなどさまざまな業態で利用者が減っていく。つまり、オフィスビルに関連する企業の経営や、オフィス街で働く人たちの雇用の維持が危うくなってしまう。

コロナ禍という短期間に社会構造が変わったことを考えれば、一〇年、二〇年、五〇年という中長期的な変化は想像を超えるものになるかもしれない。そのひとつがシンギュラリティ（Singularity）だ。

「倍々計算」の進化に対応できるか

シンギュラリティとは、人工知能がさらにすぐれた人工知能を創造していくことで人間を超える高度な知性が生み出されるとする仮説だ。アメリカの人工知能研究者であるレイ・カーツワイル博士が提唱した概念で、和訳では「技術的特異点」と称されている。カーツワイル博士は二〇四五年にはシンギュラリティに到達すると予測するが、反対意見や信憑《しんぴょう》性を疑う声も少なくない。

前述したように現状では、特定の分野に対応する特化型の人工知能が実用化されつつあるという段階だ。「そんな程度」とも言える人工知能が人間を超えると言われてもピンとこない人も多いだろうが、シンギュラリティの概念では科学技術の革新が指数関数的なスピードで進み、ある時点で飛躍的な進化になるとされている。先のカーツワイル博士はそのスピードが「倍々計算」の加速だと予測する。

倍々計算とは、一が二に、二が四に、四が八に、八が一六にと増えていくことだ。たとえば子どもが親にお小遣いをねだる際、「一カ月分のお小遣いをまとめてもらうんじゃなく、今日は一円、明日は二円、あさっては四円、その次は八円……というふうにしてほしい」と頼んだとする。親にすれば「そんなに少なくていいのか」と喜んで応じるかもしれないが、一カ月後の金額は果たしていくらになるだろうか。信じられないことに、およそ一〇億円だ。

どう考えても計算違いだろうと疑いたくなるのも無理ないが、では実際に一〇日後、二〇日後、そして三〇日後の金額を出してみよう。今日が一円、明日が二円、あさってが四円と増えた数値は一〇日後に一〇二四円となる。二〇日後には一〇四万八五七六円となり、三〇日後が一〇億七三七四万一八二四円だ。

一〇日後に約一〇〇〇円だったものが、なぜそれからたったの一〇日で約一〇〇万円になるのかと疑いが晴れない人のために、その間の数値の変化を端数省略で計算してみよう。一〇日後・一〇〇〇円、一一日後・二〇〇〇円、一二日後・四〇〇〇円、一三日後・八〇〇〇円、一四日後・一万六〇〇〇円、一五日後・三万二〇〇〇円と、半分過ぎた時点では一〇〇万円に遠く及ばない。一六日後・六万四〇〇〇円、一七日後・一二万八〇〇〇円と残り三日の時点でまだ一〇万円ちょっと。ところが一八日後・二五万六〇〇〇円となると、一九日後には五一万二〇〇〇円、二〇日後には一〇〇万円を超える。

ちなみに五〇日後には、一一二五兆八九九九億六八四万二六二四円となる。一日目は一円、二日目は二円というごくわずかな金額でスタートしたにもかかわらず、二カ月と経たないうちに天文学的数字に達するわけだ。

シンギュラリティはあくまでも仮説とはいえ、人工知能を含む科学技術の革新が倍々計算のような速度で進む可能性は否定できない。先のお小遣いを引き合いに出すなら、今は一〇〇〇円あたりにとどまっている人工知能を「たいしたことない」と考えても、そこからたった一〇日後に一〇〇万円、さらに一〇日後に一〇億円、そこからまた二〇日後には一一二五兆円では、人間には到底手の届かない進化を遂げることになる。だからこそこれからの社会を生きる子どもたちには、大きな変革が訪れるという自覚や意識、それに対応する能力や思考力が求められる。

スマホを「勉強する」ために使う

ではその意識や能力とはどういうものなのか。当然ながら未来がどうなるのかは断言できないため、こうすればいいと明確に指摘することはむずかしい。それでも未来が現在の地続きにあることを考えれば、今、何を学び、考え、行動しているかが、今後を左右していく可能性はあるだろう。

ところが今、この国の子どもたちの多くがSNSやオンラインゲーム、動画視聴に漫然と時間を費やしている。目先の刺激や興奮、友達とのつながりを優先し、第3章で述べたようにデジタル端末を使って「勉強する（宿題をする、学習ソフトや学習サイトを利用するなど）」がOECD加盟国中最下位という残念な状況だ。

むろん勉強は本やノート、ペンを使ってできるわけだから、デジタル端末を利用した学習比率が低いことがイコール学力の低さではない。一方で、スマホやパソコンを利用すれば、あらたな学習の方法や体験が豊富に得られるのも事実だ。

たとえば英語学習や英会話の習得なら、専用のアプリを使えばいい。最近の英語学習アプリはゲーム形式になっていたり、TOEICや英検、日常会話などジャンルごとの英単語が学べたりと多彩な形式だ。おまけに無料、または一カ月数百円程度の低価格で気軽に利用できる。

高校生など基礎的な英語力がある場合には、ランゲージエクスチェンジ（language exchange）というカテゴリーのアプリやサイトの利用もお勧めだ。母国語が異なる人同士が互いの母国語を教え合うというシステムで、たとえば英語を学びたい日本の高校生と、日本語を学びたい英語圏の高校生が会話やチャット、メール交換をする。人対人で学び合うため生の会話ができるだけでなく、互いの国の生活状況や文化、歴史など幅広いテーマで知的交流ができる。ZoomやSkypeなどのビデオ通話機能を使えば自宅にいながら、無料で世界各国の人たちと仲良くなれるのだ。

学校の勉強についていけない、受験勉強がうまく進まない、進学塾の費用負担を減らしたいといった場合には、ユーチューブの学習動画や教育関係者が運営するオンライン学習講座を利用すればいい。たとえば「ゆめのば」は、三人の現役塾講師が開設するオンライン学習塾だ。経済的な理由で塾に通えない、過疎地で近所に学習塾がない、苦手な教科がある、部活動が忙しくて塾にいく暇がないなどと困っている子どもたちを対象に、中学校の三年間分、五教科の学習をすべて無料で教えてくれる。

こんなふうに手元のスマホで、実に多くの学習方法や学習体験を得られるのが「今」なのだ。住んでいる場所や家庭の経済状況、個々の学力の程度を問わず、誰でも、いつでも、どこにいても自分を高められるという現実がすでに用意されている。そういう恩恵を知り、享受していくことで今後の可能性が広がるだけでなく、「今」のスマホ利用の状況も見直すことができるのではないか。

せっかくのスマホを遊びのために使うのか、それとも一〇年後、二〇年後の自分につなげるために活用するのか、確かに考え、正しく選択できる子どもに道は開けていく。

子どもたちに「働く」経験を

個人的な将来像だけでなく、今の社会、あるいはこれからの社会の在り方についても考えたい。たとえば今、子どもの七人に一人は貧困状態にある。二〇一九年度に全国の児童相談所が対応した児童虐待相談件数は約一九万三〇〇〇件、全国の小中高校など学校でのいじめ件数は約六一万二五〇〇件と、いずれも過去最多だ。

自分がオンラインゲームでせっせと課金し、ユーチューブを見ながらお菓子を食べているときに、同じ年齢の誰かは食事にも事欠き、親に殴られているかもしれない。自分がグループLINEで盛り上がっているときに、隣のクラスの生徒がいじめられているかもしれない。そういう視点を持つことで、「今の自分は本当にこれでいいのだろうか」とあらたな思考や行動力が得られる。

私は取材する子どもたちに常々、「働いてね」と伝えている。仕事をして収入を得るという意味ではなく、働くことの本質を考えてもらいたい。働くとは「傍（はた）」を「楽（らく）にする」とも言われる。「傍」とはそばやかたわらという意味で、要は近くにいる人を楽にすることだ。

そう考えれば掃除や洗濯を手伝って親を楽にすることも働くことだし、学校での委員会活動や地域のボランティア活動、街中でちょっと誰かに手を貸すことも該当する。自分の力を使って誰かを助けることは、すなわち誰かに必要とされることであり、働く経験から自分の存在価値や自己肯定感を見出すことができるだろう。

スマホを利用すれば家庭や学校内にとどまらず、広く社会のために自分の力を使える。たとえば名古屋市に拠点を置く「全国こども福祉センター」は一〇代の若者が主体となり、同世代のためにさまざまなボランティア活動を行っている。

活動する中高生は、いじめ被害や不登校、自殺未遂、家出などの経験がある。だからこそ同じように苦しむ同世代の力になりたいと、繁華街の街頭パトロールで少年少女に声をかけたり、募金活動をしたり、スポーツイベント、オンライン交流会、ＳＮＳを利用した相談会などを企画、運営している。自分の苦しみを自分だけのものとせず、その苦しみを力に変えて同世代の誰かを楽にする、そんな行動ができるのも「今」の社会なのだ。

さまざまなリスクを乗り越えて

「絶え間ない機械学習」をするアイフォーンのＳｉｒｉ、さまざまな分野で実用化が進むＡＩ技術、人工知能がさらにすぐれた人工知能を創造するというシンギュラリティの予測。子どもたちが生きていくこれからの社会は、私たちおとなが歩んだものとはまったく別の景色が広がり、経済も医療も生活も、技術革新の恩恵を存分に受けていくだろう。

一方で、技術の悪用が社会を混乱させ、人々を不幸に陥れるリスクも決して小さくない。たとえばサイバー攻撃だ。

サイバー攻撃とはコンピュータネットワーク上で行われる破壊活動のことで、政府機関のネットワークに侵入して機密情報を盗んだり、企業の顧客情報を流出させたり、個人を対象にフィッシング詐欺（実在する企業を装った電子メールを送信し、不正に個人情報を取得しようとするオンライン詐欺）を行ったりする。警察庁の資料『令和二年におけるサイバー空間をめぐる脅威の情勢等について』によると、二〇二〇年に警察庁のセンサーが検知した不審なアクセス件数は、一日一IPアドレス（デジタル機器がインターネットに接続する際の識別番号）あたり、およそ六五〇〇件に上っている。

二〇二一年五月には、アメリカ最大の石油パイプラインを運営するコロニアル・パイプラインがロシアを拠点とするハッカー集団・ダークサイドのサイバー攻撃を受け、五日間にわたって操業停止に陥った。各地に石油が送れなくなったことでガソリンスタンドには長蛇の列ができ、一部の都市では給油をめぐって人々が争う事態も起きている。

攻撃にはランサムウェアという身代金要求型ウイルスが使われ、被害を受けた企業は四四〇万ドルの身代金を支払ったと認めている。こんなふうに最新の技術や高度な能力が「見えない兵器」のように使われたとき、私たちの日常はたちまち脅かされてしまう。

電力会社がサイバー攻撃を受けて、送電が全面停止したらどうなるだろう。スマホの充電ができないというレベルの話ではなく、コンピュータシステムへの電力供給が遮断されると、金融、運輸、物流、医療、食品製造、ITなどあらゆる分野に甚大な影響が出かねない。お金の引き出しもできないし、スーパーの商品もなくなるし、もちろん家庭の電気もインターネットも使えない。そういうリスクが現実に迫っていることを考えれば、技術革新の負の側面を理解し、あらためてこれからの社会はどうあるべきか、自分はその社会に対してどんな責任を果たせるのか、それぞれの子どもたちが意識する必要があるだろう。

　豊かで平和な未来を築くのか、それとも攻撃や混乱に脅かされる時代を招くのか、私たちおとなは次世代の子どもたちに託すことになる。そう考えれば、親は単に子どもを育てているのではない。これからの社会を作る人間を、正しい判断力や豊かな思考力、勇気ある行動力を持つ人間を育てるために自分の力を使う、それが親の務めのように思う。

　複雑化するこの時代には、迷いや悩みが尽きないかもしれない。子どもと向き合うことに自信をなくしたり、変化する生活環境に焦りを募らせたりもするだろう。それでも現実の社会で格闘し、懸命に生きる親の姿を子どもたちは確かに見ている。

　わからなければ一緒に考えよう、苦しければともに乗り越えよう、そんな気持ちを言葉にして、今こそ子どもに伝えてほしい。

おわりに

六年ほど前、いつも取材でお世話になっている方からひとりの若者を紹介された。当時一八歳の彼は飲食店でアルバイトをしながら、介護関連の資格取得を目指していた。

「俺ってクズみたいな人間だったんですよ」

茶色く染めた髪をかき上げていたずらっぽく笑うと、そんなふうに複雑な成育歴を語りはじめた。幼くして両親が離婚し、母子家庭で育ったが、母親は「彼氏」に夢中でほとんど面倒を見てくれない。食事にも事欠く生活を強いられ、おまけに母親やその交際相手から頻繁に暴力を受けていた。

一方で小学生のころから勉強嫌い、中学生では遅刻を繰り返す。ギリギリの成績で地元の高校に進んだが、入学を機にスマホを持つと、今度はオンラインゲームや動画視聴に熱中するようになった。

とりわけオンラインゲームにはどっぷりハマった。つらい現実、孤独や不安から逃れようと明け方までプレイをつづけ、課金のために母親のサイフからお金を盗んだ。盗みが発覚してさらに激しい暴力を受け、「おまえなんか死ねばいい」と家を追い出されたこともあったという。
「親から死ねって言われなくても、もともと自分自身、生きてる価値はないと感じてました。頭は悪い、友達もいない、カネだってない、親にまで見放されてるんですからね。どうせクソみたいな人生を送るしかないんだ、もうどうでもいいやって腐ってました」

そんなある日、彼は地域の防災訓練に参加する羽目になった。通学先の高校に、過疎化が進む山あいの地区から協力要請があったからだ。ほかの生徒とともに渋々集合場所に出向くと、訓練の担当者から「お年寄りを公民館まで連れていってほしい」と頼まれた。

なんで俺がこんなジジイやババアの面倒見なきゃなんねぇんだ。ったく、ふざけんなよ。

そう胸の奥で毒づきながら、自分に割り当てられたおばあちゃんの手を引いて走り出そうとした。ところが、腰が曲がって足元もおぼつかないおばあちゃんは走るに走れない。グイと力任せに引っ張ると今にも転びそうで、おまけに避難先に指定された公民館までは急勾配の坂道がつづく。

戸惑いながら周囲を見渡すと、一緒に参加していた同級生が高齢者をおんぶする様子が目に入った。あっけにとられ、思わず「バッカじゃねぇの」と冷めた感情が浮かんだが、といって自分だけその場に立ち止まっているのもバツが悪い。

「迷惑かけて悪いねぇ。私はひとりでぼちぼち行くから、アンタはほかの人を連れてってやって」

腰の曲がったおばあちゃんが、さらに身を縮めるようにして詫びてくる。日焼けした顔に弱々しい笑みを浮かべたまま、古びた運動靴の足でひとり歩み出そうとした。

こうなっては引くに引けない。意を決しておんぶをすると、坂道を一歩、また一歩と進んでいった。外から見ればいかにも立派な高校生だが、彼の本音はそう単純ではない。

「ほんとはやってらんねぇって、かったるい気持ちしかなかったです。ババアをおんぶするとかありえねぇと思ったし、マジ最悪だよと、かなりムカつきながらやってました」

最終的には三人のおばあちゃんをおんぶすることになり、息を切らして公民館までの道を往復した。ようやく最後のおばあちゃんを運び入れ、荒い呼吸を整えていると、思わぬ光景が目に飛び込んだ。三人が自分に向けて手を合わせ、そろって拝んでいるのだ。

訳がわからず目を点にしていると、口々にこう言われた。

「おおきにな。ほんまにありがとうございました」

「こんなばあさんを三人もおんぶしてくれて、アンタしんどかったなぁ。おかげでうちらはほんまに助かりました。うれしかったよ、ありがとう」

「アンタはいい人や。今日はいい日になった。おおきに。ありがとう。ほんまにありがとうございました」

三人はシワだらけの手を合わせたまま、何度も何度も「ありがとう」と言ってお辞儀をする。

このババアたち、何言ってんだよ。こんなクズみてぇな俺に、なんでいい人だなんて言うんだよ。ほんとは俺、ムカつきながらおんぶしてたのに、最悪だって思ってたのに、そんな俺を拝んでくれて、ありがとうってどういうことだよ……。

予想もしなかった展開に混乱しながら、不意に熱いものが込み上げた。こらえようと思っても滴り落ちる涙は、恥ずかしいほど頬を濡らしていく。

「あれまぁ。アンタ泣いたりしてどうしたの。いい男が台無しだ」

「まったくだ。おんぶしてもらって、泣きたいほどうれしいのはこっちだよぉ」

老いてしぼんだ口元をクシャクシャにして笑うおばあちゃんたちに、泣き笑いの顔を返しながら、彼は味わったことのない心からの喜びに包まれた。

「あの三人のおばあちゃんが、俺の人生を変えました」、そう彼は言った。

誰からも認められず、何の目標も希望もなかった自分。「ババア」、「ふざけんなよ」と毒づき、ムカつきながらの道のりでは、こんな喜びが待っているとは微塵も思わなかった。けれども実際には、ほんの偶然とも言えるような出会いが生きる自信と意欲をもたらした。ゲームで現実逃避してる場合じゃない、誰かに必要とされる人間になりたいと生活態度をあらため、遅ればせながら勉強に取り組むようになったという。

どこにでもいる田舎のおばあちゃんに、自称「クズみたい」だった若者の人生を変える力がある。そんな想定外を、果たしてＡＩは予測できるだろうか。

三人のおばあちゃんたちは、おそらくスマホなど持っていなかっただろう。インターネット、ＳＮＳ、ユーチューブ、そんな言葉も知らないかもしれない。

それでも長く実直に生きてきた人の生身の力が、確かに彼の心に響き、届いた。そう考えればスマホなど使わなくても、私たちは誰かを励まし、支え、導くことができるのではないか。

今、私たちおとなに求められるのは、子どもに追いつこう、世の中の流れに遅れまいと必死にスマホを操作することではない。苦しみを乗り越え、人と助け合い、感謝や感動を覚える、そんなふうにさまざま培った経験から、生きるとはどういうことかをリアルに示していくことだと思う。

二〇二一年八月　石川結貴

石川結貴（いしかわ ゆうき）
ジャーナリスト。家族・教育問題、児童虐待、青少年のインターネット利用などをテーマに取材。豊富な取材実績と現場感覚をもとに書籍の刊行、雑誌連載、テレビ出演、講演会など幅広く活動する。
著書に『スマホ廃人』『毒親介護』（いずれも文春新書）、『ルポ　居所不明児童〜消えた子どもたち』（ちくま新書）、『ルポ　子どもの無縁社会』（中公新書ラクレ）、『誰か助けて〜止まらない児童虐待』（リーダーズノート新書）など多数。日本文藝家協会会員。
公式ホームページ　https://ishikawa-yuki.com/

文春新書

1331

スマホ危《き》機《き》　親子《おやこ》の克《こく》服《ふく》術《じゅつ》

2021年9月20日　第1刷発行

著　者　石川結貴
発行者　大松芳男
発行所　株式会社　文藝春秋

〒102-8008　東京都千代田区紀尾井町3-23
電話（03）3265-1211（代表）

印刷所　理想社
付物印刷　大日本印刷
製本所　大口製本

定価はカバーに表示してあります。
万一、落丁・乱丁の場合は小社製作部宛お送り下さい。
送料小社負担でお取替え致します。

ISBN978-4-16-661331-1

◆こころと健康・医学

愛と癒しのコミュニオン　鈴木秀子
心の対話者　鈴木秀子
人と接するのがつらい　根本橘夫
依存症　信田さよ子
100歳までボケない101の方法　白澤卓二
がん放置療法のすすめ　近藤　誠
がん治療で殺されない七つの秘訣　近藤　誠
これでもがん治療を続けますか　近藤　誠
健康診断は受けてはいけない　近藤　誠
卵子老化の真実　河合　蘭
ヤル気が出る！　最強の男性医療　堀江重郎
糖尿病で死ぬ人、生きる人　牧田善二
サイコパス　中野信子
不倫　中野信子
さよなら、ストレス　辻　秀一
食べる力　塩田芳享

発達障害　岩波　明
天才と発達障害　岩波　明
帰宅恐怖症　小林美智子
がんはもう痛くない　内富庸介編
看る力　阿川佐和子　大塚宣夫
中高年に効く！　メンタル防衛術　夏目　誠
健康長寿は靴で決まる　かじやますみこ
ヒトは120歳まで生きられるのか　田原総一朗
40歳からの健康年表　荒井秀典編
脳寿命を延ばす　認知症にならない18の方法　新井平伊

◆社会と暮らし

はじめての部落問題　角岡伸彦
潜入ルポ　ヤクザの修羅場　鈴木智彦
臆病者のための裁判入門　橘　玲
女と男　なぜわかりあえないのか　橘　玲
食の戦争　鈴木宣弘
遊動論　柄谷行人
首都水没　土屋信行
水害列島　土屋信行
ヘイトスピーチ　安田浩一
2020年マンション大崩壊　牧野知弘
ルポ　老人地獄　朝日新聞経済部
本物のカジノへ行こう！　松井政就
児童相談所が子供を殺す　山脇由貴子
夫のLINEはなぜ不愉快なのか　山脇由貴子
子供の貧困が日本を滅ぼす　日本財団　子どもの貧困対策チーム
「意識高い系」の研究　古谷経衡

ブラック奨学金　今野晴貴
対論「炎上」日本のメカニズム　佐藤健志　藤井　聡
医学部　鳥集　徹
秋田犬　宮沢輝夫
高齢ドライバー　所　正文・小長谷陽子・伊藤安海
感動の温泉宿100　石井宏子
日本プラモデル六〇年史　小林　昇
昭和の東京12の貌　文藝春秋編
平成の東京12の貌　文藝春秋編
平成の通信簿　吉野太喜
1979年の奇跡　南　信長
日本の海が盗まれる　山田吉彦
内閣調査室秘録　志垣民郎　岸　俊光編
毒親介護　石川結貴
総会屋とバブル　尾島正洋
最強の相続　荻原博子
県警VS暴力団　藪　正孝
女性を美しく見せる「錯覚」の魔法　テート小畠利子

死刑賛成弁護士　犯罪被害者支援弁護士フォーラム
パンデミックの文明論　ヤマザキマリ　中野信子
半グレと芸能人　大島佑介

◆教える・育てる

幼児教育と脳　澤口俊之
語源でわかった！英単語記憶術　山並陞一
外交官の「うな重方式」英語勉強法　多賀敏行
女子御三家　桜蔭・女子学院・雙葉の秘密　矢野耕平
男子御三家　麻布・開成・武蔵の真実　矢野耕平
僕たちが何者でもなかった頃の話をしよう　山中伸弥・羽生善治・是枝裕和・山極壽一・永田和宏
続・僕たちが何者でもなかった頃の話をしよう　池田理代子・平田オリザ・彬子女王・大隅良典・永田和宏

◆サイエンス

世界がわかる理系の名著　鎌田浩毅
「大発見」の思考法　山中伸弥・益川敏英
粘菌　偉大なる単細胞が人類を救う　中垣俊之
ねこの秘密　山根明弘
ティラノサウルスはすごい　土屋 健・小林快次監修
アンドロイドは人間になれるか　石黒 浩
マインド・コントロール　岡田尊司
サイコパス　中野信子
植物はなぜ薬を作るのか　斉藤和季
超能力微生物　小泉武夫
秋田犬　宮沢輝夫
フレディ・マーキュリーの恋　竹内久美子
猫脳がわかる！　今泉忠明
ウイルスVS人類　瀬名秀明・押谷 仁・五箇公一・岡部信彦・河岡義裕・大曲貴夫・NHK取材班

(2020. 12) E

◆政治の世界

- 民主主義とは何なのか　長谷川三千子
- 拒否できない日本　関岡英之
- 司馬遼太郎 リーダーの条件　半藤一利・磯田道史・鴨下信一他
- 自滅するアメリカ帝国　伊藤　貫
- 新しい国へ　安倍晋三
- 憲法改正の論点　西　修
- ニッポンの大問題　池上　彰
- 日本に絶望している人のための政治入門　三浦瑠麗
- あなたに伝えたい政治の話　三浦瑠麗
- 政治を選ぶ力　橋下　徹・三浦瑠麗
- 国のために死ねるか　伊藤祐靖
- オバマへの手紙　三山秀昭
- 安倍晋三「保守」の正体　菊池正史
- 田中角栄 最後のインタビュー　佐藤　修
- 安全保障は感情で動く　潮　匡人
- 日米同盟のリアリズム　小川和久
- 軍人が政治家になってはいけない本当の理由　廣中雅之
- 小泉進次郎と福田達夫　田﨑史郎
- 日本よ、完全自立を　石原慎太郎
- 内閣調査室秘録　志垣民郎・岸　俊光編
- 軍事と政治　日本の選択　細谷雄一編
- 兵器を買わされる日本　東京新聞社会部
- 地方議員は必要か　NHKスペシャル取材班
- 知事の真贋　片山善博
- 政治家の覚悟　菅　義偉

◆アジアの国と歴史

- 「南京事件」の探究　北村　稔
- 韓国併合への道　完全版　呉　善花
- 侮日論　呉　善花
- 韓国「反日」の真相　澤田克己
- 「暗黒・中国」からの脱出　顔　伯鈞・安田峰俊編訳
- ルポ　絶望の韓国　牧野愛博
- 韓国を支配する「空気」の研究　牧野愛博
- 「中国」という神話　楊　海英
- 独裁の中国現代史　楊　海英
- 劉備と諸葛亮　柿沼陽平
- 王室と不敬罪　岩佐淳士
- キャッシュレス国家　西村友作
- 性と欲望の中国　安田峰俊
- 日本の海が盗まれる　山田吉彦
- インドが変える世界地図　広瀬公巳
- 反日種族主義と日本人　久保田るり子

◆日本の歴史

- 渋沢家三代　佐野眞一
- 古墳とヤマト政権　白石太一郎
- 昭和史の論点　坂本多加雄・秦 郁彦・半藤一利・保阪正康
- 謎の大王 継体天皇　水谷千秋
- 謎の豪族 蘇我氏　水谷千秋
- 謎の渡来人 秦氏　水谷千秋
- 継体天皇と朝鮮半島の謎　水谷千秋
- 大名の日本地図　中嶋繁雄
- 決定版 日本の剣豪　中嶋繁雄
- あの戦争になぜ負けたのか　半藤一利・保阪正康・中西輝政・戸髙一成・福田和也・加藤陽子
- 日本のいちばん長い夏　半藤一利編
- 昭和陸海軍の失敗　半藤一利・秦 郁彦・平間洋一・保阪正康・黒野 耐・戸髙一成・戸部良一・福田和也
- 昭和の名将と愚将　半藤一利・保阪正康
- 徹底検証 日清・日露戦争　半藤一利・秦 郁彦・原 剛・松本健一・戸髙一成
- 日本型リーダーはなぜ失敗するのか　半藤一利
- 「昭和天皇実録」の謎を解く　半藤一利・保阪正康・御厨 貴・磯田道史
- 大人のための昭和史入門　半藤一利・船橋洋一・出口治明・水野和夫・佐藤 優・保阪正康他
- 21世紀の戦争論　半藤一利・佐藤 優
- なぜ必敗の戦争を始めたのか　半藤一利
- 十七歳の硫黄島　秋草鶴次
- 山県有朋　伊藤之雄
- 指揮官の決断　早坂 隆
- 永田鉄山 昭和陸軍「運命の男」　早坂 隆
- ペリリュー玉砕　早坂 隆
- 硫黄島 栗林中将の最期　梯 久美子
- 日本人の誇り　藤原正彦
- 天皇陵の謎　矢澤高太郎
- 児玉誉士夫 巨魁の昭和史　有馬哲夫
- 伊勢神宮と天皇の謎　武澤秀一
- 藤原道長の権力と欲望　倉本一宏
- 江戸の貧民　塩見鮮一郎
- 戦後の貧民　塩見鮮一郎
- 日本軍はなぜ満洲大油田を発見できなかったのか　岩瀬 昇
- 予言者 梅棹忠夫　東谷 暁
- 火山で読み解く古事記の謎　蒲池明弘
- 邪馬台国は「朱の王国」だった　蒲池明弘
- 「馬」が動かした日本史　蒲池明弘
- 文部省の研究　辻田真佐憲
- 古関裕而の昭和史　辻田真佐憲
- 写真で見る日めくり日米開戦・終戦　共同通信編集委員室編
- 暴かれた伊達政宗「幕府転覆計画」　大泉光一
- 大日本史　山内昌之・佐藤 優
- 日本史のツボ　本郷和人
- 承久の乱　本郷和人
- 権力の日本史　本郷和人
- 元号　所 功・久禮旦雄・吉野健一
- 歴史の余白　浅見雅男
- 明治天皇はシャンパンがお好き　浅見雅男
- 皇位継承　高橋 紘・所 功
- 江戸のいちばん長い日　安藤優一郎
- 江戸の不動産　安藤優一郎
- 西郷隆盛と西南戦争を歩く　正亀賢司

姫君たちの明治維新　岩尾光代
日本史の新常識　文藝春秋編
日本プラモデル六〇年史　小林　昇
仏教抹殺　鵜飼秀徳
昭和天皇 最後の侍従日記　小林　忍＋共同通信取材班
令和を生きるための 昭和史入門　保阪正康
内閣調査室秘録　志垣民郎　岸　俊光編
木戸幸一　川田　稔
「京都」の誕生　桃崎有一郎
皇国史観　片山杜秀
昭和史がわかる ブックガイド　文春新書編
遊王　徳川家斉　岡崎守恭
東條英機　一ノ瀬俊也
信長　空白の百三十日　木下昌輝
感染症の日本史　磯田道史
平安朝の事件簿　繁田信一

◆文学・ことば

翻訳夜話　村上春樹　柴田元幸
翻訳夜話2 サリンジャー戦記　村上春樹　柴田元幸
漢字と日本人　高島俊男
英単語記憶術 語源でわかった！　山並陞一
すごい言葉　晴山陽一
危うし！小学校英語　鳥飼玖美子
外交官の「うな重方式」英語勉強法　多賀敏行
名文どろぼう　竹内政明
「編集手帳」の文章術　竹内政明
ビブリオバトル　谷口忠大
新・百人一首　岡井隆・馬場あき子　永田和宏・穂村弘選
劇団四季メソッド「美しい日本語の話し方」　浅利慶太
芥川賞の謎を解く　鵜飼哲夫
司馬遼太郎に日本人を学ぶ　森　史朗
週刊誌記者　近松門左衛門　小野幸恵　鳥越文蔵監修
昭和のことば　鴨下信一
ビジネスエリートの新論語　司馬遼太郎
オッペケペー節と明治　永嶺重敏
世界はジョークで出来ている　早坂　隆
一切なりゆき　樹木希林
天才の思考　鈴木敏夫
いま、幸せかい？　滝口悠生選
英語で味わう万葉集　ピーター・J・マクミラン
歎異抄　救いのことば　釈　徹宗

文春新書

◆経済と企業

金融工学、こんなに面白い　野口悠紀雄
リープフロッグ　野口悠紀雄
臆病者のための株入門　橘　玲
臆病者のための億万長者入門　橘　玲
熱湯経営　樋口武男
先の先を読め　樋口武男
就活って何だ　森　健
資産フライト　山田　順
ビジネスパーソンのための契約の教科書　福井健策
ビジネスパーソンのための企業法務の教科書　西村あさひ法律事務所編
ブラック企業　今野晴貴
ブラック企業2　今野晴貴
税金　常識のウソ　神野直彦
売る力　鈴木敏文
日本型モノづくりの敗北　湯之上隆
詐欺の帝王　溝口　敦

さらば！　サラリーマン　溝口　敦
トヨタ生産方式の逆襲　鈴村尚久
グローバリズムが世界を滅ぼす　エマニュエル・トッド　ハジュン・チャン　柴山桂太・中野剛志・藤井聡・堀茂樹
税金を払わない巨大企業　富岡幸雄
消費税が国を滅ぼす　富岡幸雄
あなたの隣のモンスター社員　石川弘子
新自由主義の自滅　菊池英博
安売り王一代　安田隆夫
働く女子の運命　濱口桂一郎
人工知能と経済の未来　井上智洋
「公益」資本主義　原　丈人
お祈りメール来た、日本死ね　海老原嗣生
2040年全ビジネスモデル消滅　牧野知弘
生き返るマンション、死ぬマンション　荻原博子
最強の相続　荻原博子
ルポ　税金地獄　朝日新聞経済部
日本株式会社の顧問弁護士　児玉　博
自動車会社が消える日　井上久男

日産vs.ゴーン　井上久男
新貿易立国論　大泉啓一郎
世界史を変えた詐欺師たち　東谷　暁
日銀バブルが日本を蝕む　藤田知也
AIが変えるお金の未来　坂井隆之・宮川裕章＋毎日新聞フィンテック取材班
なぜ日本の会社は生産性が低いのか？　熊野英生
会社員が消える　大内伸哉
キャッシュレス国家　西村友作
農業新時代　川内イオ
総会屋とバブル　尾島正洋
吉本興業の約束　大﨑　洋　坪田信貴

◆世界の国と歴史

ローマ人への20の質問　塩野七生
歴史とはなにか　岡田英弘
常識の世界地図　21世紀研究会編
食の世界地図　21世紀研究会編
新・民族の世界地図　21世紀研究会編
カラー新版 地名の世界地図　21世紀研究会編
フランス7つの謎　小田中直樹
一杯の紅茶の世界史　磯淵 猛
新約聖書Ⅰ　新共同訳 佐藤 優解説
新約聖書Ⅱ　新共同訳 佐藤 優解説
佐藤優の集中講義 民族問題　佐藤 優
池上彰の宗教がわかれば世界が見える　池上 彰
池上彰の「ニュース、そこからですか!?」　池上 彰
新・戦争論　池上 彰 佐藤 優
大世界史　池上 彰 佐藤 優
新・リーダー論　池上 彰 佐藤 優

第一次世界大戦はなぜ始まったのか　別宮暖朗
イスラーム国の衝撃　池内 恵
「ドイツ帝国」が世界を破滅させる　エマニュエル・トッド 堀 茂樹訳
シャルリとは誰か？　エマニュエル・トッド 堀 茂樹訳
問題は英国ではない、EUなのだ　エマニュエル・トッド 堀 茂樹訳
中国4・0　エドワード・ルトワック 奥山真司訳
戦争にチャンスを与えよ　エドワード・ルトワック 奥山真司訳
日本4・0　エドワード・ルトワック 奥山真司訳
21世紀 地政学入門　船橋洋一
地経学とは何か　船橋洋一
熱狂する「神の国」アメリカ　松本佐保
ドナルド・トランプ　佐藤伸行
大学入試問題で読み解く「超」世界史・日本史　片山杜秀
ベートーヴェンを聴けば世界史がわかる　片山杜秀
戦争を始めるのは誰か　渡辺惣樹
第二次世界大戦 アメリカの敗北　渡辺惣樹
米中激突　陳 破空 山田智美訳
知立国家 イスラエル　米山伸郎

1918年最強ドイツ軍はなぜ敗れたのか　飯倉 章
人に話したくなる世界史　玉木俊明
トランプ ロシアゲートの虚実　小川 聡 東 秀敏
世界史の新常識　文藝春秋編
ヘンリー王子とメーガン妃　亀甲博行
コロナ後の世界　ジャレド・ダイアモンド ポール・クルーグマン リンダ・グラットン マックス・テグマーク スティーブン・ピンカー スコット・ギャロウェイ 大野和基編
パンデミックの文明論　ヤマザキマリ 中野信子
盗まれたエジプト文明　篠田航一
歴史を活かす力　出口治明